大学生社团的价值研究

冯昭昭 著

中国海洋大学出版社

·青岛·

图书在版编目(CIP)数据

大学生社团的价值研究 / 冯昭昭著. —青岛：中
国海洋大学出版社，2021.10
ISBN 978-7-5670-2767-1

Ⅰ.①大… Ⅱ.①冯… Ⅲ.①大学生－社会团体－研
究－中国 Ⅳ.①G645.57

中国版本图书馆 CIP 数据核字(2021)第 017424 号

出版发行	中国海洋大学出版社			
社　　址	青岛市香港东路 23 号		**邮政编码**	266071
出 版 人	杨立敏			
网　　址	http://pub.ouc.edu.cn			
电子信箱	appletjp@163.com			
订购电话	0532-82032573(传真)			
责任编辑	滕俊平		**电　　话**	0532-85902342
印　　制	北京虎彩文化传播有限公司			
版　　次	2021 年 10 月第 1 版			
印　　次	2021 年 10 月第 1 次印刷			
成品尺寸	170 mm×230 mm			
印　　张	11.5			
字　　数	201 千			
印　　数	1～2000			
定　　价	49.00 元			

目　录

第一章

绪　论

大学生是一个特殊群体,他们有理想、有追求、有抱负、有知识,生理、心理趋于成熟,心理活动比较复杂,敏感、单纯而又充满激情,是任何一个国家和社会中不可忽视的中坚力量。大学阶段,是大学生形成人生观、世界观和价值观的重要时期,而大学生社团在大学普遍存在且对大学生有重要影响,因此大学生社团成为高等教育研究的重要对象。

第一节　问题的缘起

选择和确定研究对象是有一定的主观或客观原因的,只有在主客观条件都满足研究者当时的需要时,研究对象才可能被确定。因此,确定一个研究对象并形成一项研究课题,是需要"机缘巧合"的。

一、问题的缘起

大学生社团是大学中不可或缺的一类学生组织,是由兴趣爱好相同的大学生在遵循一定的管理规范下,以共同开展彼此感兴趣的活动、丰富大学生活、愉悦心性、促进自身发展为目的而自发结成的学生团体。作为自发结成的团体,大学生社团不同于担负管理职责的学生会组织,其更具有学生选择层面上的灵活性和主动性,学生进出相对容易和随意。这种结构相对松散的组织对大学生的成长、发展有着重要影响。

对大学生社团问题的关注源于笔者在大学二十几年的工作实践和对大学文化研究的兴趣。大学生社团是大学校园中最青春洋溢的群体,是大学活力的象征,是大学青春的注解,那些个性十足、魅力四射的社团活动和那些因社团出名的校园"名人",在一定程度上丰富了校园生活和文化。大学里有很多人将志趣专注于社团,将激情挥洒于社团,将生命赋予社团。笔者亲眼见过经社团的磨砺而蜕变的校园传奇人物以及曾经辉煌一时又偃旗息鼓的社团。每逢社团招新时,有的社团被围得水泄不通,有的社团门可罗雀,此时笔者都要看看那最热闹和最冷清的社团分别是哪些,也不禁会思考为什么会出现这种现象;每每闻悉某社团获得什么奖项时,也会思考那些热门社团的特点;当然,也会遇到一些学生社团的负责人一边抱怨社团成员的流失、经费和场地的缺少、学校的支持不够,一边却还在为社团的活动四处奔走、忙前忙后,付出时间、精力、金钱也在所不惜。这一切,让人不得不思考大学生社团的魅力到底在何处?这些大学生社团的表现无不折射出现代大学生成长发展过程中的某种选择与追求。在大学校园这个特定的环境里,大学生社团是怎样选择与被选择、努力与妥协的,那些追寻社团梦的大学生又是如何实现自己的梦想的,都值得我们深思。笔者选择大学生社团价值研究作为本书的主题,由此缘起,并基于以下理由。

(一)基于对学生的关注

笔者在 H 大学从事学生管理工作,理应对大学生很熟悉,但又常常觉得不是很熟悉,因为如果要将大学生的个性特点、发展目标、人生追求、困难挫折等一一说出来,还真有些困难。从上大学至今,笔者在大学校园里学习、生活、工作已有二十几年。当学生的时候,对大学生没有太多的理性认识,一来可能是因为"不识庐山真面目,只缘身在此山中";二来可能是因为那个时候的笔者是一个老师眼里的"乖学生",除了学习和学生会的工作,没有考虑太多其他的事情。毕业以后,笔者一直从事教学管理工作,为学校的人才培养服务,可直接接触各类大学生的机会却不多。最常接触到的大学生一般都是成绩较差不能拿到毕业证书的,于是潜意识里将大学生大致分为两类:一类是能正常毕业获得学位的;一类是不能正常毕业的。岗位变动从事学生管理工作以后,笔者接触到了大量不同的大学生,这才从教师的角度看到了大学生千姿百态的一面。他们中有的率真可爱、自信自立、个性张扬、才华横溢,有的自我意识强、抗挫能力弱、团队意识差,等等。然而,不论是优点还是缺点都是相对的,因为每个学生在不同的时期会有不同的表现,学生个体的特点是动态的、可变的。

了解大学生的多样性后,笔者进而对大学生组织有了相对深入的研究。一般认为,大学生组织分为官方组织和民间组织。所谓官方组织就是校、院级的团学组织,即各级团委和学生会,这种组织是学校正式设立的学生组织,由学校团委老师等直接管理学生,在其中担任学生干部的同学有责任、有义务也有一定的权力和利益,是大学生普遍热衷参与的一类学生组织,但其加入门槛较高,人员编制也有限,不是大学生想进就能进的。而所谓的民间组织,就是学生自发创立的学生组织,在管理和编制上不受学校限制,基本上可以由学生自己说了算,学生加入容易,退出的自由度也较大,组织对成员有一定的责任,但成员一般对组织没有太多的义务,也较少涉及权力和利益。民间组织队伍庞大、人数众多、活动的面广,是大学中不可忽视的重要组织。要想了解学生的思想、心理、需求与特点,就要从这些大学生民间组织入手。大学生民间组织中最主要、最有代表性、学生参与最广泛的就是大学生社团。据调查显示,有83.24%的大学生参加了各种社团,其中58.4%的大学生参加了两个以上的社团。① 而另一项针对参加社团的大学生进行的调查发现,"只选择加入一个社团的学生比例为52.6%,其余学生均选择加入两个及两个以上的社团,有4.5%的大学生甚至加入了五个以上社团"②。因此,笔者选择大学生社团作为课题的研究对象,试图深入探究现今时代大学生的爱好、兴趣与特长、理想、需求与选择等。

(二)基于对校园文化的兴趣

每一所大学都有自己独特的校园文化,其影响着大学中的师生员工;受此文化浸润的师生员工的言行举止,又反过来影响着校园文化的形成与发展。一般来说,校园文化是学校全体师生员工在长期办学过程中培育、形成并共同遵循的价值标准、基本信念和行为规范。这说明了校园文化的两个重要特点:全员遵循和独一无二。笔者所在的大学是一所典型的以工科为主的多科性大学,有着工科大学普遍的校园特征——笔直的校园马路、方正的教学楼宇。我时常在想是什么使这所工科大学的育人氛围区别于文科院校或是综合性大学?是校园文化吗?那这所大学的校园文化又是什么?

事实上,校园文化是看不见摸不着的,但在校园里它又是无处不在的,并孕育着一所学校独特的育人文化。在我国,对校园文化的认识经历了一个过程,从简单地丰富学生课余生活到深入大学生培养活动中心,再到把校园文化看作大学文化的一个有机组成部分,认识是在不断变化的。当然,不管人们的认识如何变化,校园文化始终是以师生为主体形成的一种群体文化,"它体现在大学人的群体意识、价值观念和丰富多彩的校区文化氛围中,艺术教育、学生课外活动是其重要的载体"③。其中,学生课外活动最主要的平台便是大学生社团,大学生社团中来自

① 石向实,陈晓慧.当代大学生参加社团活动现状的调查与思考[J].杭州师范学院学报,2002(3):104-107.
② 张航.近五成大学生参加两个以上社团[N].北京晚报,2015-3-26(6).
③ 傅林.世纪回眸:中国大学文化研究[M].北京:教育科学出版社,2009:27-28.

不同院、系、专业的学生带有学科特点的思想在社团活动中交叉碰撞,促进了不同知识的融合,更有利于校园文化的形成,因此大学生社团在校园文化中的地位与作用非同一般。

由此可见,大学生社团是大学校园文化建设的重要组成部分,对校园育人环境的营造起到了重要补充作用。不同的大学中势必有不同的大学生社团和社团文化,社团组织、社团活动和社团文化无一不影响着校园文化的形成与演变,因此,从大学生社团入手去了解、研究一所大学的校园文化不失为一个较好的途径。

(三)基于探究学生发展的需要

如前所述,笔者曾经在大学从事教学管理工作十几年,天天与人才培养计划打交道,曾经也认为,大学生只要按照人才培养计划的要求修完全部课程并合格,即可从大学毕业成为国家需要的合格人才。但当全方位地了解大学生后,发现社会需要的绝不只是修完课程的人,而是全面发展、具有创新精神的高素质人才,培养计划中列出的必修、选修课程仅仅培养了大学生的专业素质,而其他诸如思想政治、道德法律、创新、身体心理、审美等方面的素质,都不是培养计划能涵盖得了的。显然,这些素质也是很重要的,而它们又该到哪个培养计划中去寻找呢? 我们经常谈到要构建大学育人生态系统,统筹第一、第二、第三课堂,搭建若干素质教育平台,使大学生不但获得知识,还能提升能力和素质。显然,作为第三课堂中的主要平台——大学生社团在帮助大学生发展特长、提升能力方面起着重要作用。

然而,大学生社团的种类繁多、数量庞大、质量参差不齐、规模大小不一、"寿命"长短不等,不是所有的大学生社团在大学里都有适合发展的环境,不是所有的大学生社团都能对大学生起到正面的、积极的作用,也不是所有的大学生社团都能在学生发展与自身发展中获得双赢结果。因此,哪些大学生社团在哪种环境下能获得认可与良性发展,又有哪些大学生社团对哪些学生群体具有积极的帮助引导作用,引起了笔者强烈的研究兴趣。

二、研究的意义

大学生社团不是一个新鲜事物。在 17 世纪中期的英国,牛津和剑桥镇上就出现了某种形式的会所,其主要作为晚餐会所、政治会所和娱乐会所而存在;1633年牛津出现了一个名为化学俱乐部的社团;1643 年嘲讽者俱乐部诞生了;1714—1715 年诞生了两个后来存在了几十年的政治俱乐部——辉格俱乐部和高伯雷斯俱乐部。美国最早的大学生社团可以从 18 世纪中期在耶鲁大学(1701 年创立)出现的一批文学社团算起,这些文学社团的学生围绕着文学主题开展研讨、演讲、辩论等活动,教师结合学生开展的活动给予指点。在我国,大学生社团的发展一直相当缓慢,1904 年京师大学堂学生组织的抗俄铁血会可以算是我国第一个大学生社团。当时的抗俄铁血会主要是由抗议日本、俄国在我国东北地区发动战争的青年学生组成,集会、演讲、办报、发传单等是他们主要的社团活动。

不论是国外于 17 世纪的源起,还是国内于 20 世纪初的兴起,大学生社团的发展已经经历了一个漫长的过程,研究者自然也不乏其人。在我国,尤其从 20 世纪80 年代起,由于文化及校园文化的重新提及,大学生社团得到一定程度的发展,一时间关于大学生社团的研究也如潮涌,其作用、功能、意义、不足之处被一一列出来研究。笔者选择大学生社团的价值进行研究既有被研究热点吸引的原因,也有想从价值的角度来思考大学生社团的存在及其发展的考虑。笔者认为,对大学生社团的价值进行研究,不仅具有对大学生社团发展进行指导的实践意义,也具有从哲学层面揭示大学生社团及社团活动价值的理论意义。

(一)有助于深化对大学生社团的认识

大学生社团作为大学里的一类学生组织,对大学生的影响是有目共睹的,并且这种影响会越来越大。在市场经济条件下,大学生的就业由计划经济时代的国家统一分配转为大学生与市场双向选择,纯粹的高学历不足以使大学生信心十足地走向社会,大学生越来越注重在校内学习过程中的自我提升,"除了学好学校安排的专业课程之外,最重要的便是在课余进行自我教育与自我完善,而学生社团等学生组织恰恰具备了充当大学生进行自我教育与自我完善的平台的作用,成为大学生的'大学第二课堂'"[①]。但时至今日,仍然有许多人对大学生社团的认识仅仅停留在肤浅的表面,认为大学生的社团活动就是学生唱唱跳跳地热闹一下,并没有认识到大学生社团在其成长中起到的重要作用。还有一些人受中国传统政治文化的影响,对于结社心存芥蒂,对大学生社团持不支持、不反对、不鼓励的态度,任其游离于大学的人才培养体系之外自生自灭。这些现象存在的根本原因是对大学生社团缺乏本质的认识和了解。在已有的众多研究文献中,很多研究关注现有大学生社团活动"有哪些功能、作用""如何更好地发挥这些功能、作用",或是"存在哪些问题""如何解决这些问题",研究现象问题多于研究本质问题。这些研

---

① 王乐. 大学生社团——理论　管理　案例[M]. 北京:北京理工大学出版社,2007:2.

究固然有意义,但其始终没有深入研究大学生社团的本质与存在的价值,更没有深层次地剖析大学生社团的结构、功能。本书试图通过分析大学生社团价值关系的主体(人)与客体(大学生社团及其活动)来剖析社团本身的功能及由此产生的社团活动、社团文化之于大学生成长的意义,从而深化人们对大学生社团本身的认识,进而更好地创造大学生社团发展的环境。

(二)有助于拓宽有关大学生社团研究的领域

大学生社团是大学生在校期间参与率最高的学生组织,有研究表明,"我国各大高校有 85％以上的在校学生都曾经参加过一个或多个学生社团"①。大学生社团具有隐性教育功能,同时也具有显性教育功能,它为学生创造新的学习场和实践场,为学生提供了发展兴趣爱好、陶冶思想情操、展示才华智慧的广阔舞台。大学生社团在大学生中影响甚广,对学校的影响不可小觑。近些年来,随着国家宏观政策与高等教育政策的变化,大学生与大学对大学生社团的热情异常高涨,大学生社团研究已经发展成为一个非常广阔的研究领域。从掌握的文献来看,研究者的成果大多是基于教育学(学生社团对于学生的作用)或是管理学(学校对学生社团的管理和学生社团自身的管理)的视角对大学生社团的现状予以评述、批判与再建构。在"以人为本"的教育思想指导下,大学越来越重视大学生在教育过程中的地位与作用,以学生为中心的教育理念日益影响着教育的各个环节。而大学生作为大学生社团的主要构成角色,其本身的需要并没有太多研究者去研究,因此关于大学生社团的研究中缺少"以学生为本"的研究。本书拟从哲学中的价值概念入手,将大学生社团置于价值关系的视野中进行考察,立足于阐述大学生社团的价值含义,有助于从主体(主要是学生)需要出发,正确理解大学生社团价值的主体与客体关系,客观揭示大学生社团的发展及其对主体的影响,以为大学生社团研究提供一个新的空间。

(三)有助于为大学生社团发展提供理论和实践指导

我国从 20 世纪 80 年代有学者开始研究大学生社团以来,相关文献数以千计,大多数研究在肯定大学生社团作用的同时也指出其存在的不足,这类研究的明显特征是"就事论事",而一些与西方国家学生社团的比较研究多是介绍、赞赏西方发达国家的做法。其实,对大学生社团深层次的问题进行研究,需要层层剖析,才

---

① 曹成玉. 点击高校社团[N]. 中国教育报,2003-7-8(8).

能最终把握。也就是说,如果仅仅是对现有大学生社团"就事论事"地评论与提出建议,而对大学生社团的生成演化及其内部主、客体关系不加以分析,这种研究成果对大学生社团的发展是没有多大帮助的。随着素质教育的不断深化与高等教育步入大众化发展阶段,大学生在教育过程中的主体性地位得到越来越多的关注。本书在分析大学生社团价值的基础上提出大学生社团合理发展的路径,在一定程度上丰富了大学生社团的理论研究成果,同时,对研究中收集的大量大学生社团的第一手资料进行了分析研究,根据具体案例、调查、访谈所得出的结论与建议对大学生社团健康和谐发展也有较好的实践指导意义。

第二节　文献综述及分析

大学生社团的发展与高等教育的发展有着紧密的联系,大学生社团在国外已有几百年的发展历史,在我国是在一百多年前出现的,研究者不乏其人。现有研究文献主要就国内外大学生社团的发展历史、组织结构、类型特点、成员构成、功能作用等进行探讨或进行中西方比较,另外还常有讨论目前国内大学生社团不足与缺陷并提出改进意见的论文,鲜有对大学生社团价值问题进行探讨的研究,迄今未发现有硕、博士选择此课题作为学位论文的主题,也未见公开出版的有关此主题的专著,偶有对大学生社团价值的分析和论述都散见于大学生社团其他相关研究中,而且大多数涉及大学生社团对学生成长的价值或是校园文化构建的价值问题的文献未深入涉及大学生社团本体的价值分析。总体上看,国内外学术界对大学生社团价值问题的研究比较匮乏。但许多有关大学生社团的其他研究却与大学生社团价值研究有很强的相关性,因此,本书的文献研究关键词为"大学生社团",并扩展到"大学生组织"和"校园文化"。

通过搜索文献发现,国内与大学生社团相关的著作并不多见,更没有特别有影响力的名家著作,主要是一些在大学从事学生事务管理工作的教师或是曾经的学生社团骨干成员所著,比如,陈一星的《团队建设研究——以大学生为例》,何雅的《打开一扇窗,自己往外看——解码社团情结、学生干部、社会兼职》,沈千帆的《社团人,来自北大的青春故事》,王乐的《大学生社团——理论　管理　案例》,伍德勤的《大学生社团活动的理论与实践》,赵立香的《高校学生社团建设与管理》,另外,张晓京的专著《美国高校学生事务管理》对美国大学生社团也有所介绍。

　　与大学生社团研究具有较高相关度的博士论文主要有陈莉的《中国大学生组织发展研究——结构文化主义视角》（华中科技大学博士论文，2007），牙韩高的《高校学生社团管理中领导方式与领导效能研究》（西南交通大学博士论文，2008），房欲飞的《美国高校大学生领导教育研究》（华东师范大学博士论文，2008），游敏惠的《美国高校学生事务管理研究》（西南大学博士论文，2008），孙华程的《城市与教堂——制度视野下欧洲中世纪大学的发生与演进》（西南大学博士论文，2008），张燚的《大学生音乐社团现况与发展研究——以南京市三所高校为例》（南京艺术学院博士论文，2010），常青的《高校学生社团问题研究》（东北师范大学博士论文，2012）。与博士论文相比，在硕士论文中检索出了更多主题更具相关度的论文，主要有吴添羽的《高校学生社团对学生成长的影响与作用》（浙江大学硕士论文，1990），丁建洋的《构建以促进学生发展为目标的高校学生社团建设模式》（辽宁师范大学硕士论文，2004），胡小兵的《高校学生社团建设研究》（武汉大学硕士论文，2005），王志峰的《大学生社团组织在校园文化建设中的作用研究》（河海大学硕士论文，2006），欧阳大文的《中美高校社团的比较研究》（湖南师范大学硕士论文，2007），罗娟的《论高校社团活动对学生自我发展的影响——以周口师范学院为例》（华中师范大学硕士论文，2008），袁颜锋的《素质教育视野下高校学生社团建设研究》（湖南大学硕士论文，2009），罗妍妍的《新时期高校学生社团管理模式创新研究》（西南交通大学硕士论文，2010）等。根据以上检索结果，可以非常明显地看出，在 21 世纪以前，专门研究大学生社团问题的学者很少。

　　我国研究学生社团的历史是比较短的，由于"文化大革命"的冲击，大学生社团在改革开放以后才又迎来发展的春天。随着高等教育的快速发展和素质教育的大力推行，大学越来越重视学生的素质培养和个性发展，大学生社团得到了一定程度的发展。在进行期刊检索时发现，以"大学生社团"为主题进行精确检索的论文达数百篇之多，研究者主要是大学社团管理部门（一般在团委，少数是在学工处）的思政工作人员和专门从事高等教育或学生思想教育研究的研究人员；论文主要发表在 2000 年以后。2000 年前，较具影响力的专门研究我国大学生社团的论文非常鲜见，仅有几篇：楼嘉军的《高校社团文化的多重结构及特点——华东师大学生社团的现状调查》（1987），龙海平的《学生社团组织在大学生社会化过程中的作用》（1993），杨雄的《志趣相投、智能互补的我国大学生社团建设》（1997），丁学国的《试论学生社团在大学生道德建设中的地位和作用》（1998）；2000 年以后，相关研究文献的数量则突飞猛进，成倍增长，比较有代表性的是：于伟、韩丽颖的《中美高校学生社团文化建设若干问题比较研究》（2002），应飚的《高校学生社团的体制目标及其工作理念探索》(2003),杨亚军的《大学生社团的运作和管理》(2004),张家勇的《美国大学的学生社团活动》(2004),李毅昂的《社会转型期高校学生社团的变革和发展》(2005),廖良辉的《中美高校学生社团管理比较》(2005),王占军的《高校学生社团运作及功能研究述评》(2006),汤正华的《论应用型人才非智力素质培养与学生社团建设的契合》(2007),赵瑞情的《我国学生社团的使命:基于历史发展的分析》(2008),吕春辉的《西方大学学生社团的发展变迁及启示》(2009),滕航、朱建设的《试论大学生社团行为与状态》(2010),李同果的《发达国家大学生社团建设的经验及启示》(2011),孟庆恩的《高校学生社团及其教育功能的实现》(2011),杨凯、施险峰的《高校大学生社团建设的策略分析——基于文化大发展大繁荣的背景》(2013)。

一、大学生社团形成的理论基础

尽管大学生社团已产生数百年,但是,对于大学生社团形成的理论基础学界鲜有研究,也似乎并无定论。而对大学生社团的价值进行研究,是需要对大学生社团形成的理论基础有基本认识的。

(一)基于心理学理论的论述

心理学认为,人是处于社会关系中的,没有人可以脱离社会群体而单独生存。马斯洛需求层次理论表明人类总是受到生理、心理需要的本能驱动,人要生存,就不能离开生理、安全、社交、自尊、自我实现等基本需要,要实现这些需要,就必然会在交往中形成一些群体。大学生社团本身是一个学生根据自己兴趣爱好自愿加入的组织,有陶冶情操、发挥特长、开阔视野、活跃氛围、提高能力等作用。从某种意义上说,大学生加入社团的原动力就是为了满足自身的需要。冼季夏从马斯洛需求层次理论的角度分析了大学生社团建设的层次逻辑,从大学生的安全需要层次、社交需要层次、尊重需要层次和自我实现需要层次分析大学生社团的组织建设。[①] 同时,他还提到在社团组织中大学生的成长需要体现为个体身心发展需要、个体归属需要、个体社会化需要和个体自我价值实现的需要。[②]

大学生社团形成的理论基础还有基于学习心理学的理论,如学生发展理论、

---

① 冼季夏. 马斯洛需求理论视域下的高校学生社团建设[J]. 学校党建与思想教育,2009(6):59-60.

② 冼季夏. 基于学生成长需求的高校学社团建设[J]. 广西社会科学,2009(11):141-144.

教育认同理论。伍德勤认为所谓人的全面发展,就是要使人的智力活动的心理品质与非智力活动的心理品质协调发展、共同提高。丁建洋在探讨美国大学生社团发展时提道:"美国高校学生社团建设的理论基础,就是在 20 世纪 60 年代末 70 年代初美国动荡复杂的社会背景下应运而生的'学生发展理论'(Student Developmental Theory)。"①但他同时谈到这种理论也不是一成不变的,"到 20 世纪 90 年代末,美国大学人事协会(ACPA)在一份报告中又提出了学生事务的最新、最本质的要义,即'学生的学习是当务之急'(Student Learning Imperative,简称 SLI),并成为指导学生事务及其管理的,当然包括指导学生社团的新的理论基础"②。学生发展理论鲜明地反映出美国社会重视人的个性的特点,故而影响到学生社团的建设初衷。教育认同理论是美国高校学生事务管理理论的一个流派,严格意义上说它也是学生发展理论的一种类型,目前已被广泛用于高校学生的管理中。教育认同理论认为大学的主要任务是,通过教育帮助学生确立自我认同感,并将这种自我认同描述为七种能力:自我发展能力、情绪管理能力、相互协作能力、成熟的人际交往能力、自我认同能力、形成目标的能力、具有健全人格的能力。陈必华从教育认同理论角度分析了大学生社团的功能,认为"高校社团经验能为学生提供更多教室外的各种不同生活形态,使学生有了尝试各种不同角色的机会,协助学生发展较完全的自我认同"③。

(二)基于教育学理论的论述

《中国大百科全书(教育)》中说:"从广义上说,凡是增进人们知识和技能、影响人们的思想品德的活动,都是教育。"也有学者认为,现代教育就是"教育者根据一定社会和个人的要求以及受教育者身心发展的规律,对受教育者所进行的一种有目的、有计划地传授知识技能,培养思想品德个性,发展智力和体力,以便把受教育者培养成为一定社会和个人所期望的那种人的活动"④。研究者们经常提及的大学生社团对大学生的"素质教育""人文教育""创新教育""实践能力培养"的

---

① 丁建洋. 构建以促进学生发展为目标的高校学生社团建设模式[D]. 大连:辽宁师范大学,2004:6.

② 丁建洋. 构建以促进学生发展为目标的高校学生社团建设模式[D]. 大连:辽宁师范大学,2004:6.

③ 陈必华. 论教育认同理论下的高校学生社团教育功能[J]. 思想教育研究,2008(10):53-55.

④ 伍德勤,杨国龙. 新编教育学[M]. 上海:华东师范大学出版社,2009:2.

作用,就是基于教育学理论来研究大学生社团的。还有诸如"隐性育人功能""培养综合素质"等也是在现代学校课程观的理论基础上总结出来的。

二、有关大学生社团的研究

(一)大学生社团的组织结构

大学生社团是社团的一种,也是一种组织。研究者在对大学生社团进行定义时,一般将其定义为"群众性的""非正式群体"、"民间的"团体组织。李毅昂认为,"高校学生社团是以高校的专业性、学术性为背景依托,以大学生共同的生活理念、业余爱好、专业兴趣、学术观点或其他方面的共同追求而自发建立起来的,有着既定目标和规范的'公益性组织'或'互益性组织',是大学生中的非正式群体,属于非营利组织范畴,是以大学生为主体的公民社会组织"[①],比较全面地概括了大学生社团的产生背景、基础、形式、目标及组织特点。

大学生社团的组织结构一般呈线形,其上级领导和管理者无非是三个部门:学生工作部门、团委和院系,不同的高校有不同的管理形式和方式,但基本大同小异,从这个角度来看,将社团完全视作"民间的"或许不太合适,故而有学者用"双重性"来形容社团活动是"民间行为、官方背景"并不无道理。于伟将这种"双重性"解释为,大学生社团既要以大学生利益为先,满足广大大学生的需要,又不具有完全的独立性或自治性,它必须受高校党委、团委的领导,又必须以大学生的利益和兴趣为出发点,否则就失去了生存的根基。[②] 因此,大学生社团的活动必须是学校和学生都认可的。另外,一般社团都有指导教师,有的是"配备",有的是"自聘"。大多数研究者认为,指导教师对社团的作用只是具体业务上的指导,对社团组织并不进行具体管理。在国外,以美国为例,正式的学生社团组织是要通过学校审批并服从其管理的,通常是由校长主管,学生事务主任负责,并由学生项目策划办公室具体执行。学校的管理部门、管理人员和指导教师可以看作大学生社团组织的上层结构。

大学生社团组织的中间层,即社团负责人和社团干部等社团骨干,承担了社团的主要管理功能,尤其是社团负责人,是整个社团的"领头羊"。宣言在对高校

---

① 李毅昂. 社会转型期高校学生社团的变革和发展[J]. 改革与战略,2005(5):58-60.

② 于伟,韩丽颖. 中美高校学生社团文化建设若干问题比较研究[J]. 外国教育研究,2002(29):58-60.

学生社团负责人进行调查统计的基础上,将高校学生社团负责人分为操劳型、放任型、愤青型、跳板型、实力型五种。① 有些社团发展缓慢或是中途夭折,与社团骨干成员的能力素质和人格魅力有着重要的关系。"社团骨干分子的基本素质,直接决定社团的整体形象和质量,直接关系到社团的和谐、稳定和荣誉,影响着社团成员民心的聚散与向背。"②彭志越在研究高校学生社团评价的心理机制时提出,社团负责人的人格魅力和社团的整体氛围对社团成员的影响极大。③ 但目前的文献检索表明,专门针对这一层次社团成员进行的研究较少。

　　大学生社团组织还有一个组成部分,即普通社团成员。他们完全是由于某种兴趣爱好自愿加入社团的,参加社团与否、参加社团活动与否完全由自己决定。一个社团的"火爆"与否,与其普通社团成员的热情程度密切相关。目前对普通社团成员的研究大多为对其共性的普遍概括,而有数据支撑的研究不多,大部分是这样描述的:大学生社团成员的素质参差不齐,大学生加入社团的动机具有多样性(一时热情、功利主义、利己主义等),社团成员具有广泛性(不同院系、专业、层次和性别)。王珩在调查中发现,"在社团成员的构成上,一年级学生占43.05%,二年级学生占38.8%,三年级学生占12.5%,四年级学生占4.24%,研究生等占1.41%"④。可见,低年级本科生是大学生社团成员的主体。应飚通过分析社团成员的加入动机把他们分为三类,即个人课余乐趣参加者、功利目的参加者、真实志愿参加者。⑤ 周斌等人从人力资源的视角分析认为,普通社团成员来去自由、流动性大是社团凝聚力不强的主要原因,并且社团负责人也不太注重发挥普通成员的积极性。⑥ 组织承诺反映了社团成员对社团的认同和投入程度,它极大地影响着学生社团的正常运行,是反映社团组织的兴衰荣败,甚至反映大学校园文化的"晴雨表"。彭志越对学生社团中的组织承诺做了实证研究,发现大部分同学(67.4%)的组织承诺度高或较高,但还有32.6%的学生对社团的热情度不高,对社团的组

① 宣言. 论高校学生社团负责人的角色定位[J]. 教育与职业,2011(27):173-174.
② 岑道权,李新. 学生社团骨干人格魅力的塑造[J]. 人民论坛,2010(3):143-144.
③ 彭志越,刘献君. 高校学生社团评价的心理机制研究[J]. 江苏高教,2001(4):70-73.
④ 王珩. 高校学生社团发展调查报告[J]. 中国青年政治学院学报,2007(3):35-39.
⑤ 应飚,申玮,李金林. 高校学生社团的体制目标及其工作理念探索[J]. 中国高教研究,2003(8):56-57.
⑥ 周斌,费坚,林刚. 高校学生社团人力资源管理探析[J]. 江苏高教,2008(1):119-120.

织承诺度低或很低。①

(二)大学生社团的类型及特征

相关研究者对大学生社团的组织类型论述较多。多数研究者按照活动内容对大学生社团进行分类。张林提出了两种分法:一种是二分法,按社团活动基本取向将社团分为专业聚合型和兴趣爱好聚合型;一种是三分法,按社团活动类型将社团分为学术研究型、文化娱乐型和社会服务型。② 刘运根也从社团的育人功能方面将社团分为三类:一是学术型社团,培育学生的创新能力;二是娱乐型社团,促进学生的心理健康;三是实用型社团,增长学生的知识。③ 四分法有冯友梅的信仰型、学术型、文娱型和实践型④;有龙海平的学术型、文体型、服务型和培训型⑤;有王志峰的兴趣爱好类、理论学习类、社会公益类、学术科技类⑥。五分法有于伟的信仰型、学术型、文娱型、友谊型、服务型⑦;有伍德勤的文学艺术类、体育类、知识学术类、专业技能类和社会服务类⑧。六分法有胡小兵的理论研究型、专业学术型、社会服务型、文体休闲型、爱好型和公共信息传播型⑨。七分法有范向前的政治理论学习类、社会科学类、学术科技类、志愿服务类、文学艺术类、体育健身类及其他类⑩;有余洪的思想政治型、专业技能型、语言文学型、文化艺术型、体育竞技型、公益服务型、实践锻炼型⑪。

现实中,大学社团的类型有更多分法,如北京大学将社团分为八种类型:政治

① 彭志越,刘献君.组织承诺:一个高校学生社团的视角[J].华中科技大学学报(社会科学版),2003(2):95-98.
② 张林,马旭东,党鹏.高校学生社团的功能与建设[J].西南民族学院学报(哲学社会科学版),2001(22):192-194.
③ 刘运根.大学社团的育人功能管见[J].赣南师范学院党报,2002(2):12-14.
④ 冯友梅.高校学生社团的特点及其作用[J].学校党建与思想教育:2004(5):25-27.
⑤ 龙海平.学生社团组织在大学生社会化过程中的作用[J].青年研究,1993(7):8,14-16.
⑥ 王志峰.大学生社团组织在校园文化建设中的作用研究[D].南京:河海大学,2006:34.
⑦ 于伟,韩丽颖.中美高校学生社团文化建设若干问题比较研究[J].外国教育研究,2002(29):58-60.
⑧ 伍德勤.大学生社团活动的理论与实践[M].合肥:合肥工业大学出版社,2011:11.
⑨ 胡小兵.高校学生社团建设研究[D].武汉:武汉大学,2005:4.
⑩ 范向前.高等学校校本学生管理规章理论[M].合肥:安徽人民出版社,2005:155-158.
⑪ 余洪.大学生社团的发展现状及建设思考[J].扬州大学学报(高教研究版),2006(3):66-67.

理论类、学术科创类、文化艺术类、体育健身类、公益志愿类、实践促进类、合作交流类、地域文化类;哈佛大学将本科生社团分为学术与职业、艺术和表演、种族和社会活动、媒体和出版物、政府和政治、民众服务、娱乐及宗教八个类别。①

　　研究者对大学生社团的特征也进行了描述与解释。冯友梅认为大学生社团具有很多鲜明的特征:组织形式的自发性、群体目标的整合性、活动的灵活性、体制结构的松散性和成员的广泛性。② 张林将大学生社团的特征描述为:目标的趋同性、组织的波动性、内容的广泛性、形式的多样性以及成效的渗透性和辐射性。③ 赵立香将大学生社团的特点归纳为自发性、群众性、广泛性、一致性、服务性、松散性、多样性、专业性、互补性、凝聚性、陶冶性、创造性、社会性,④这是目前相关文献中最全面的概括,基本涵盖了大学生社团作为一种学生组织区别于其他组织的特点,包括其组织结构的特点、成员的特点、组织属性的特点、组织功能的特点。伴随着高等教育大众化的到来,大学里出现了很多新生代社团,兰亚明认为这些社团除保留传统社团的若干特点外,还具有一些新的特点,即个性化、市场化、娱乐化、国际化和网络化,当然也具备一些负面特征,如盲目性和商业味过浓。⑤ 蒋娇龙认为现代大学生社团具有广泛的参与性、充分的民主性、动态的多样性、较高的科技性、深刻的开放性、较强的规范性、显见的现代性等特点。⑥

(三)大学生社团的功能

　　有关大学生社团的功能(作用、意义)研究是相关学者最喜欢进行研究的领域。在不同的历史时期,大学生社团发挥的功能是不同的。比如,最早的抗俄铁血会就有着强烈干政的功能,这在当今社会是不可能发生的。赵瑞情从历史的角度分析了我国学生社团的使命,并分三个阶段分别论述:革命时期学生社团的使命是心系国家、干预政治和发展兴趣、结社交友;和平建设时期学生社团的使命是弘扬兴趣、彰显个性和了解社会、服务社会;和谐社会时期学生社团的使命是培育

---

①　张家勇. 美国大学的学生社团活动[J]. 比较教育研究,2004(4):80-84.

②　冯友梅. 高校学生社团的特点及其作用[J]. 学校党建与思想教育,2004(5):25-27.

③　张林,马旭东,党鹏. 高校学生社团的功能与建设[J]. 西南民族学院学报(哲学社会科学版),2001(22):192-194.

④　赵立香. 高校学生社团建设与管理[M]. 兰州:甘肃人民出版社,2007:16-20.

⑤　兰亚明. 高校新生代社团的特点、问题及其启示[J]. 中国青年研究,2007(3):54-55.

⑥　蒋娇龙. 高校学生社团特点分析与发展对策[J]. 中华文化论坛,2009(7):82-84.

创新人才和彰显和谐文化。① 现阶段,大学生社团最显著的功能就是它的育人功能,并由育人功能延伸到其他方面。伍德勤归纳的六点功能较为全面地概括了目前大学生社团的育人功能,即思想政治教育功能、培养团队精神功能、全面发展的教育功能、培养个性特长的功能、社会服务的功能、构建和谐校园的功能。② 也有研究者专门针对社团不同成员群体进行研究,如段兴利认为大学生社团对大学新生具有导向作用、补偿作用、凝聚作用、激励作用和教育作用。③

　　更多的研究者就大学生社团某一方面的功能进行了具体的研究。关于大学生社团在大学生社会化过程中的作用,龙海平认为社团组织为大学生社会化提供了独特的场所和基地,社团活动对大学生社会化起到了潜移默化的作用④;胡元林认为高校社团对大学生社会化发挥了基本技能社会化、基本规范社会化、个性社会化和角色社会化功能⑤。关于大学生社团的创新功能,大部分研究者认为大学生学术类社团对学生科技创新具有载体功能,培养了大学生的创新意识。李焦明则称由于学生社团与大学生实践创新训练有契合点和嫁接点,因此社团是培养大学生实践能力的一剂良方。⑥ 伍德勤认为社团活动是激发学生积极主动的行为和潜能、发展学生创造性思维和能力的重要渠道,是第一课堂的延伸和补充,学术类和科技类社团对大学生创新能力的培养是显而易见的。⑦ 关于大学生社团对校园文化建设和构筑和谐校园的研究也较多,向武认为学生社团文化能够满足学生的文化需求和个性发展的需求,是和谐校园文化意义的集体解码者,并能通过体现和谐校园精神文化的要求实现和谐校园文化的教育意义。⑧ 王从严认为随着新的教育管理模式的实行,学生社团有利于促进校园环境的和谐稳定、有利于形成融洽和谐的育人氛围、有利于促使学生建立和谐的人际关系、有利于优秀校园文化

① 赵瑞情. 我国学生社团的使命:基于历史发展的分析[J]. 教师教育研究,2008(3):64-68.

② 伍德勤. 大学生社团活动的理论与实践[M]. 合肥:合肥工业大学出版社,2011:14-15.

③ 段兴利,张军成,孙伟国. 高校学生社团与新生的入学适应[J]. 甘肃社会科学,2004(5):180-182,185.

④ 龙海平. 学生社团组织在大学生社会化过程中的作用[J]. 青年研究,1993(7):8,14-16.

⑤ 胡元林,王涛. 高校学生社团社会化功能透析[J]. 教育与职业,2005(9):32-34.

⑥ 李焦明. 学生社团:大学生实践创新训练的新载体[J]. 江西教育科研,2007(10):85-86.

⑦ 伍德勤. 大学生社团活动的理论与实践[M]. 合肥:合肥工业大学出版社,2011:172-173.

⑧ 向武. 学生社团在构建和谐校园文化中的作用[J]. 教学与管理,2009(4):21-22.

的继承和弘扬。① 曹治平认为大学生社团的广泛性、自主性有利于推进校园民主化,其开放性有利于形成公平的校园氛围,其开放包容性有利于形成诚信、友爱的校园文化,其自主选择性、多样性有利于活力校园的形成,其自律性有助于校园的安定有序,其辐射性有助于学校与社会的和谐相处。② 关于大学生社团提高学生心理素质的功能,张智昱认为大学生社团是高校心理健康教育的重要载体,具有"心理健康宣传与教育、心理发展、心理调适以及心理治疗等功能"③。关于大学生社团促进就业、创业的功能,张玉红认为"高校学生社团活动有利于大学生树立创业意识、有利于大学生形成创业知识结构、有利于培养大学生的创业能力、有利于大学生养成创业心理品质"④。

关于大学生社团功能的实证研究较少。王珩对浙江省的大学生社团的调查显示,"有91%的大学生认为发展社团尤为重要,认为参加社团活动使自己的能力得到很大提高的占 38.24%,有一点提高的占 46.65%,完全没有提高的占11.63%"⑤。李健通过调查山东省四所高校大学生社团的功能,"发现有58.3%的人认为'发展特长',有35.9%回答'学到了知识',有17.79%回答'满足了交友需要',有17.3%回答'锻炼了身体',有15.8%回答'学到了技术'"。

(四)大学生社团的组织文化

大学生社团作为一种组织,是有组织文化的。组织文化是组织成员所共有的一种价值规范体系,是社会文化的一种形式,也是组织客观存在的一部分。组织文化应该是包括组织的核心理念、管理方式、用人机制、行为准则、组织氛围的总体,是组织生生不息发展的源泉。但目前直接有关大学生社团组织文化的研究并不多,多数研究者认为社团文化是以一种亚文化的形态存在于大学文化中的,一般在探讨校园文化时会有所提及。龙溪虎认为,"高校社团文化是以学生为主体,以社团活动为主要内容,以校园为主要活动空间,以校园精神为主要特征的一种

---

① 王从严,张拥军,程为民,范金凤. 和谐校园文化建设与学生社团的持续发展[J]. 中国青年研究,2008(5):99-101.

② 曹治平. 论大学生社团在和谐校园构建中的作用[J]. 学校党建与思想教育,2011(12):68-69.

③ 张智昱. 高校学生社团的心理健康教育功能[J]. 社会科学家,2010(11):65-66.

④ 张玉红. 高校学生社团与大学生创业教育的实践探索[J]. 教育与职业,2011(12):95-97.

⑤ 王珩. 高校学生社团发展调查报告[J]. 中国青年政治学院学报,2007(3):35-39.

群体文化"①。这实际上还是一种基于校园文化视角的界定,将社团文化看作校园文化的一部分,并没有谈及不同大学生社团的不同文化。何海兵认为,"高校社团文化,是指大学生社团在长期的活动中所创造的精神财富、文化心理氛围以及承载这些精神财富、文化心理氛围的活动形式和物质形态,是大学生社团物质财富与精神财富的总和,包括社团活动、社团形象、社团价值观、社团精神、社团品牌和文化产品等主要方面"②。他认为,社团文化的特征是认同与超越的同一、主体性与客体性的同一、工具性与目的性的同一、吸收性与辐射性的同一。王乐从组织行为的角度讨论了社团文化,认为社团的生命维系于它的文化,社团文化是社团的核心竞争力所在,是一种不可复制、不可替代、不可分割、不可转移的无形资产,社团文化建设的核心任务是社团价值、社团精神被广大成员所认同和接受。③

目前,有关大学生社团组织文化研究的大多数讨论还是集中在大学生社团对高校校园文化建设的作用和地位方面,对社团组织文化对校园文化的适应或与之关系少有研究。如杨明军从社团对大学生成长所产生影响的角度阐述了社团对于校园文化建设的意义。薛宝林和李峰认为大学生社团的活动促进了校园文化的形成和完善。刘德宇认为社团文化不仅是校园文化的重要载体,也是校园课外文化多元性的体现,而课外文化活动主要通过社团组织的活动来表现。可以说,大学生社团文化有力地繁荣了校园文化,其作用不可忽视。

总体上,目前对大学生社团文化的研究主要围绕着校园文化这一大的范畴而展开,并没有从学生社团本身对社团如何适应大学组织文化及其如何维护自身文化而展开研究。

(五)大学生社团的价值研究

价值既不存在于主体之中,也不存在于客体之中,而是存在于两者的相互作用或相互关系中。简单地说,大学生社团的价值就是作为主体的人与作为客体的社团活动及其因活动产生的社团文化和校园文化间的关系。现有文献中,没有直接研究大学生社团价值的,从字面看最为相关的文献是《高校学生社团对学生个体发展价值的研究》(丁建洋,2003)。从大学生社团价值主体之一——大学生角

① 龙溪虎. 社团文化在高校人才培养中的作用和发展[J]. 职业时空(综合版),2006,2(7S):53-53.

② 何海兵. 高校社团文化与人格塑造[J]. 学校党建与思想教育,2003(5):47-48.

③ 王乐. 大学生社团——理论 管理 案例[M]. 北京:北京理工大学出版社,2007:114-115.

度来看,相关研究其实还是相当多的,只不过研究者一般没有使用"价值"这个说法,而较多用"功能""作用""意义",定性描述时常用"有利于""有助于""促进了""满足了"等词汇。丁建洋综述了 2003 年前关于大学生社团之于学生的价值的研究,并且将其归为三种类型:具体素质发展价值论(道德素质发展价值论倾向、智能素质发展价值论倾向、健康素质发展价值论倾向)、一般·特殊价值论、正向·负向价值论。[①]

涉及大学生社团其他价值主体的价值研究较少,讨论得最多的就是促进校园文化建设、构建和谐校园的作用、意义等。

三、对已有研究的评述

在高等教育步入大众化的今天,社会对人才的需求越来越高,越来越强调复合型人才、具有综合素质的人才的重要性,与此同时,国家、社会及大学也越来越重视学生的个性发展。在这种情况下,单一的专业教育早已不能满足大学生的需求,他们急切地找寻和发展能缓解这种需求的载体和平台。在这种形势下,大学生社团发展得风生水起、如火如荼,相关大学生社团的研究也层出不穷。在阅读相关文献的基础上,笔者发现,虽然这类研究比较多,但主要是对大学生社团现状的研究,特别是对大学生社团具有的一些功能、作用、不足及改进建议的研究较多,另外还有将大学生社团当作校园文化的一部分进行研究。研究的角度基本是大学生社团管理者;也有一些研究是基于学生发展、学生需求的角度,但大多数为管理者的主观描述,缺乏实证研究,少有将大学生的主观需求与社团能否提供这些需求进行对照研究的。因此,在这一领域,笔者认为还有许多亟待探讨的问题,具体而言主要集中在以下方面。

第一,大学生社团作为一种组织,必然有其组织结构、组织制度和组织文化。不依附于大学里其他组织的大学生社团,作为一种单独的组织,其结构、功能、制度和文化还有待进一步探讨研究。

第二,大学生社团的发展目标是一个关于社团建设很重要的问题,它能回答社团为什么能够存在、学生参加社团的初衷和目的是什么的问题。从现有资料分析,研究者一般认为大学生社团的发展目标有三种:一是促进大学校园文化建设,二是补充大学专业教育的不足,三是陶冶学生情操、提升学生综合素质。但究竟

---

① 丁建洋. 高校学生社团对学生个体发展价值的研究[J]. 云南教育,2003(21):44-48.

哪一种能比较好地回答前面的问题，哪一种是社团的"应然目标"，还需要进行更多的研究。

第三，在接受大学生社团的教育作用、接受社团文化时，作为大学生社团价值的主体之一，大学生将如何评价社团活动、社团文化？能否按自己的需求对大学生社团进行创造和改变？如何满足自身的某种需求？这些也是值得进一步研究的。

第四，作为大学生社团价值的主体，学校、管理人员和大学生对客体（大学生社团活动和社团文化等）的需求是不相同的，这种不同利益主体间的需求矛盾经常被研究者有意忽略，这种价值矛盾的产生及消解也值得研究者思索。

总之，大学生社团研究是一项重要而长期的任务，需要我们在已有研究成果的基础上，结合时代特点和要求，使之不断深化。

第三节 研究内容与本书结构

本书将从梳理大学生社团的发展历程入手，在分析大学生社团价值内涵与属性的基础上，提出其价值范畴主要包括三个方面，即娱乐价值、教育价值和审美价值；以此作为全文的逻辑起点，构建大学生社团的价值目标及其实现的合理性，分析大学生社团的价值矛盾，找出大学生社团价值矛盾的化解策略。全书通过具体事实分析抽象出价值概念与理念，再用这些概念、理念去分析现实中的大学生社团及其存在的相关问题，提出大学生社团的价值目标，再选择实现价值目标的路径；遵循的是由具体案例到理论抽象，用理论指导具体案例分析，再从具体案例分析中得出结论的研究路径。

全书首先系统地梳理了国内外大学生社团的创建、演变及发展过程，研究、分析并指出大学生社团发展的动因，然后从多元主体需求的视角探讨大学社团价值的主要内涵，界定价值范畴，确定价值目标，并以此作为对大学生社团价值问题探讨的基本视角。

一、研究内容

本书主要围绕大学生社团的价值，对其范畴、内涵、目标、矛盾等进行阐述，然后找寻有效的价值矛盾化解路径，以消解价值矛盾和实现价值目标。

（一）大学生社团的价值范畴

价值的哲学意蕴在于它表明了主体和客体之间的需求与满足的对应关系，即价值关系。价值产生于实践，来源于客体，取决于主体。大学生社团是高等学校内的学生组织，但其同样受到外部环境的影响和制约，如国家、社会对大学的影响，在分析大学生社团及其价值关系的时候，不可忽视这种组织外的力量。由此，我们从宏观上界定大学生社团的价值主体为国家、社会和大学，从微观上界定大学生社团的价值主体为学生、教师和管理人员。大学生社团的价值客体应该是社团活动及其产生的社团文化和校园文化。

我们在讨论大学生社团价值的时候，首先应该从主客体关系的角度来分析。大学生社团的客体是为满足主体需要而存在的，主体和客体间有一种相互契合的特殊关系。因此，大学生社团的价值并不取决于主体或客体，而是存在于主客体的相互作用之中，是主体与客体间的关系范畴，而不是某个大学生社团实体性的范畴。如此，就不能把大学生社团价值仅仅归结为大学生社团活动的某方面，如素质教育、创新能力、团队精神、道德修养，或大学生的某种文化娱乐、精神活动的需要等，而应该从整体上考察大学生社团活动与大学生的关系。本书认为，大学生社团追求的主要是精神价值，具体有娱乐价值、教育价值和审美价值。

（二）大学生社团的价值内涵与价值目标

价值首先来源于客体满足人的各种需要的属性，其次取决于主体的需求和主体的实践活动，因此，主体、客体和主体基于客体的社会实践是研究价值问题的关键所在。本书正是基于这种思想，探讨主体与客体在大学生社团这种社会实践形式、活动中需求和满足的对应关系。在分析大学生社团价值的主体、客体及其关系后，本书认为大学生社团的价值内涵是大学生社团价值客体能满足大学生社团价值主体特定的愿望、目的或需求，主客体的这种特定关系是在大学生社团活动中形成的，是大学生社团发展的必然产物，这种关系表现为大学生社团的存在及其性质与大学生的愿景、目标或需求等相适应或相接近，表现为大学生社团活动对大学生具有了或产生了某种功能、作用、意义和影响。

大学生社团的价值目标是多样化的，大学生社团应该确定什么样的价值目标是本书的重要研究内容。在大学生社团的创建、成立、发展过程中，不同的主体总是对大学生社团寄予这样或那样的希望，总有相同或不相同的价值选择和价值追求，这种希望、选择或追求的目标就是大学生社团的价值目标。大学生社团的多元主体有着各自不同的价值诉求,这种价值诉求是合理的正常需求,在大学生社团价值理想的统领下,各自追求个性化的价值需求应该是允许的,这也是民主与和谐的基本表现。比如,有人希望大学生社团能促进专业或某种技能的学习,有人希望大学生社团能提高学生团队精神,有人希望大学生社团能发挥公益精神、唤醒大众良知,有人希望大学生社团能使其精神愉悦,有人希望大学生社团能繁荣校园文化。诸此种种,都可以看作大学生社团的价值目标,也可以抽象为如知识、认知、创新、合作、道德、艺术、审美、创造、文化等目标,更可以归纳为真、善、美。大学生社团的价值目标是多样的,这些目标既相互独立又相互渗透,既相互制约又相互促进。在现实的大学生社团活动中,这些目标都有共同存在的价值和环境,它们的和谐发展对实现大学生社团的健康发展有着重要意义。

尽管大学生社团的价值目标是多样的,但我们还是应该看到在这种多样性之上,能最终体现大学生社团价值主体的追求、理想和取向的,才是大学生社团的终极价值,那就是实现人的自由而全面的发展。

(三)大学生社团的价值矛盾及其化解

"价值因主体而易,价值本身的特点直接同主体的特点相联系,价值的特性表现或反映着主体性的内容。"[①]一方面,大学生社团的价值主体是多元的,多元主体有着不同的需求和价值追求,多元主体对大学生社团的不同需求使得大学生社团的价值关系呈现多样性和复杂化,也产生了很多现实的具体问题。比如,大学生社团的创建、成立需经过大学的严格审批,产生了在意识形态领域控制大学生社团自由发展的问题;不同大学生社团的利益冲突,产生了大学关于学生发展所需资源的配置问题;大学生社团内部的组织、成员、活动的管理矛盾,产生了大学生不同价值观念冲突的问题;大学生社团的发展历史,产生了社会、时代对大学和大学生的不同要求问题。这些问题既反映了不同主体是在追求不同的价值目标,也反映了不同主体和客体间的不同价值关系,即价值矛盾。另一方面,不同主体因生长环境、生活方式、生活经历、个人需求和追求等不同导致了其价值观的差异。一般情况下,如果主体在这些方面有相似之处,则他们的价值观有可能相同或相近;反之,其价值观则不同,有些甚至是对立的。因此,价值观念的不同也是产生价值矛盾的根源所在。

本书认为,大学生社团主要的价值矛盾是大学生社团的价值主体矛盾和大学

① 李德顺. 价值论(第2版)[M]. 北京:中国人民大学出版社,2007:102.

生社团的价值观念冲突,大学生社团的价值矛盾影响了大学生社团价值目标的实现。但大学生社团的价值矛盾是客观存在的,我们无法回避它们,也不可能任其发展,否则会影响大学生社团的健康发展,因此,寻找有效的矛盾化解路径是本书的最终目的。

二、核心概念界定

概念是理论研究的基础和灵魂,也是理论研究的起点和中心,对核心概念的界定是研究的基础性和立足性工作。本书中的核心概念包括大学生社团和大学生社团的价值两个概念,以下就逐一对其进行深入阐释。

(一)大学生社团

有关大学生社团的定义颇多,在百度中搜索"大学生社团",出现的是"学生社团"这一个词条,"学生社团是指学生为了实现会员的共同意愿和满足个人兴趣爱好的需求、自愿组成的、按照其章程开展活动的群众性学生组织。学生社团是我国校园文化建设的重要载体,是我国高校第二课堂的引领者"。大学里的学生社团,即为大学生社团,是一个相对简单的概念。

社团,又称"社会团体",由于它产生的历史相当久远,各国的国情也不尽相同,因此给它下一个普遍的定义并不容易。在西方,由于资产阶级的民主意识,因市场经济引发的一些问题并不能只靠政府解决,由此而催生的一些各式各样的民间团体和社会服务机构,常常被称作"慈善机构""非政府组织""非营利组织"等,也就是我们所说的"社会团体"。

社团一般是指以文化、学术或公益性为主的非政府组织,社团的特征是其成员具有某种相同的特征,且具有互益性。社团可以涵盖的范围很广泛,可以是政治经济类的,可以是科技文化类的,还可以是文艺体育、军事外交、卫生健康类,甚至是宗教类的。社团有政府主导的,有民间自发形成的,或介于两者之间的,也可分别称为"官办""民办"和"半官办"。社会公民能结成社团,主要来自公民的需要和政府的需求。从公民的角度来说,社团必须能满足他们的某种需求,并为其服务;而从政府的角度来说,社团要服从国家和社会的利益要求。综合这些需求,社团可以提供的社会功能较为丰富,有满足成员需求的功能,有维护成员个人权益的功能,还有政治参与、经济参与及公益参与的功能。结合我国实际情况,我国的社团具有如下特征:组织性、非营利性、民间性(非政府性)、自治性(自主性)和服务性。

心理学认为,人不能离开社会群体而独自生活,其基本的生活方式就是团体或群体。社会学认为,社团是一种过程或一种实体,是人们可以面对面地相互作用的具体团体,这种团体也可称为"团队"。关于团队,心理学家费斯廷格认为,团队满足了成员的五种心理需要,即归属的需要、自我认同和自尊的需要、证实与建立社会现实性的需要、感到安全和相互支持以控制焦虑及减少不确定性的需要、团队对其他成员而言能满足他们解决问题的需要。社会凝聚理论的观点是,"个体按照交往中满足相互需要的程度组成团体;团体的形成和维持是因为个体间互动并在此过程中满足了个体的需要。……没有凝聚力,团队就停止存在"①。这些观点都说明,只有当社团中成员的需要得到满足时,社团才能维持。因此,我们可以把社团看作由成员间相互作用而使成员满足某种需要,且在政府部门登记注册、有合法社会地位的一种组织。

大学生社团伴随着大学而产生,并随其发展壮大。国外大学生社团的发展具有相当长的历史。在美国,最早的大学生社团成立于18世纪的耶鲁大学,如开展文学、辩论、演讲等活动的克罗托尼亚协会和利诺尼亚协会。在当时枯燥单调的大学生活中,这些社团极大地丰富了大学生的课余生活,发挥了积极的引导作用。曾经是耶鲁大学学生、后担任哥伦比亚大学校长的巴纳德说:"我在耶鲁大学所接受的任何训练都不如我从自己所属文学协会的写作和演讲实践中所获得的经验更有益。"②另外,在德国,大学联谊会在19世纪之前就已出现,主要是作为社交团体存在。在英国,17世纪中期以后,大学里就出现了会所和社团,"至少在1633年,牛津就出现了一个名为化学俱乐部的社团,其活动重在激发思想"③。

在我国,大学生社团的发展一直相当缓慢。1904年京师大学堂学生组织的抗俄铁血会可以称得上是我国第一个严格意义的大学生社团,该社团以反对日、俄在我国领土上发动战争为主题,开展诸如集会、演讲、办报、发传单等活动进行抗议。曾出任北京大学校长的蔡元培先生,是促进中国高校学生社团兴起和发展的关键人物。"从蔡元培时代的进德会、少年中国学会,到五四时代的新潮社、马克思主义研究会,北大的学生社团不但蜚声校内,而且驰名全国,成为引领潮流、独

---

① 陈一星. 团队建设研究——以大学生为例[M]. 北京:中央编译出版社,2007:2.

② 欧阳大文. 中美高校学生社团的比较研究[D]. 长沙:湖南师范大学,2007:39.

③ 〔美〕谢尔顿·罗斯布莱特. 现代大学及其图新:纽曼遗产在英国和美国的命运[M]. 别敦荣,译. 北京:北京大学出版社,2012:113.

树一帜的时代精神倡言人。"①五四运动前后,受"五四"新文化和民主爱国运动的影响,一批大学生社团应运而生。中华人民共和国成立以后,由于我国高等教育发展缓慢,直接影响了大学生社团的发展,特别是"文化大革命"对大学生社团更是带来了灾难性打击。"由于受'文化大革命'极'左'思潮的影响,人们对结社存在恐怖心理,各社会团体全面'瘫痪'。"②直到20世纪70年代后期,我国实行改革开放政策后,大学生社团才开始复苏。特别是20世纪80年代以后,伴随着高等教育的发展和素质教育的推进,大学生社团如雨后春笋般蓬勃发展,逐渐成为大学校园文化建设中不可或缺的组成部分。

对大学生社团的界定,相对权威或官方的解释是《中国大百科全书(教育)》和共青团中央、教育部文件的界定。

《中国大百科全书(教育)》的解释是:"中国中等学校和高等学校学生在自愿基础上自由结成的群众组织。这些社团可以打破年级、系科以及学校的界限,团结兴趣爱好相近的同学,发挥他们在某方面的特长,开展有益于学生身心健康的活动。"③

共青团中央、教育部、全国学联联合印发的《高校学生社团管理暂行办法》指出:"高校学生社团是由高校学生依据兴趣爱好自愿组成,为实现成员共同意愿,按照其章程自主开展活动的群众性学生组织。"

从以上各种解释或定义中,我们可以看出大学生社团具有以下特征:第一,它是一种经学校批准同意成立、自主管理的学生组织;第二,社团成员来源广泛,自由自愿加入;第三,社团能满足成员的某种需求。根据这些特征,我们可以将大学生社团与其他大学生组织区别开来,如团学组织和一些非社团的学生自组织。团学组织承担、参与了学校的学生管理,其成员不可能自由加入;而一些非社团的大学生自组织可以不经学校批准就成立。

李毅昂认为,"高校学生社团是以高校的专业性、学术性为背景依托,以大学生共同的生活理念、业余爱好、专业兴趣、学术观点或其他方面的共同追求而自发建立起来的,有着既定目标和规范的'公益性组织'或'互益性组织',是大学生中

---

① 王志峰. 大学生社团组织在校园文化建设中的作用研究[D]. 南京:河海大学,2006:46.
② 廖良辉. 中美高校学生社团管理比较[J]. 青年研究,2005(4):45-49.
③ 中国大百科全书编委会. 中国大百科全书(教育)[M]. 北京:中国大百科全书出版社,1985:439.

的非正式群体,属于非营利组织范畴,是以大学生为主体的公民社会组织"①。这一定义,较好地将大学生社团与一般社团区分开来,并将其归为公益性组织或互益性组织一类,确定了大学生社团的社团属性。

综上所述,本书讨论的大学生社团应该是:由高等学校中有共同的兴趣爱好的一群学生自愿组合创立的学生组织,经由学校批准后,在学校的领导和指导下,按章程自主管理,在不影响正常学业的情况下,自由开展有益于学生身心健康的活动,发挥特长,促进自身的成长。

(二)大学生社团的价值

汉语中的"价值"一词,相当于英语中的 value、法语中的 valeur、德语中的 wert,这些词与古代梵文 wer(护栏、掩盖、保护)、wal(围墙、掩盖、加固)和拉丁文 vallum(堤)、vallo(用堤护住、加固、保护)有较深的渊源。"价值"一词本来的含义是"起掩护和保护作用的,可珍贵的,可尊重的,可重视的",通常使用"价值"一词的肯定意义时与日常用语中的"好"极为相似。而"好"则有更广泛的含义,人们经常在表达"是与非""对与错""优与劣""美与丑""善与恶"等时,将褒义的一面称为"好",也代表着对于表达者来说,"好"的一面是"可珍贵的、可尊重的",反之贬义的一面称为"坏"。因此,"好"与"坏"在日常用语中已成为具有普遍意义的抽象概念。同理,"价值"也往往具备这些词语要表达的基本内涵,也是它们中抽象出来的共同名称。

《辞海》上说,不同思想视域的人对价值有不同的理解,例如,舍勒把价值理解为客观的实在,它所反映的是存在事物的等级状态;还可以从人与对象物的关系的思想视域中理解价值现象;也可以指对象物所具有的满足人的各种需要的客观特性。②《哲学大辞典》是这样解释的:"马克思主义哲学认为价值的本质是现实的人同满足其某种需要的客体的属性之间的一种关系,任何价值都有其客观的基础和源泉,具有客观性典型关系。"张岱年认为,"所谓价值,就是客体能够满足主体的一定需要"③。李德顺称,"价值这一哲学概念的内容,主要是表达人类生活中的一种普遍关系,就是客体的存在、属性和变化对于主体人的意义"④。李连科则提

---

① 李毅昂. 社会转型期高校学生社团的变革和发展[J]. 改革与战略,2005(5):58-60.
② 辞海编辑委员会. 辞海[M]. 1999 年版缩印本. 上海:上海辞书出版社,2000:876.
③ 张岱年. 论价值的层次[J]. 中国社会科学,1990(3):3-10.
④ 李德顺. 价值论(第 2 版)[M]. 北京:中国人民大学出版社,2007:8.

出,"所谓价值,就是客体与主体需要之间的一种特定(肯定与否定)关系"①。从这些表述中,我们可以看出其所包含的共性的内容,即价值既不存在于主体之中,也不存在客体之中,而存在于两者的相互作用或相互关系之中,并且它是随着主客体关系的变化而变化的。

从大学生社团和价值的概念,我们不难理解大学生社团的价值。因为大学生社团是一种学生组织,价值是一种关系,那么大学生社团的价值就是作为主体的人与作为客体的社团活动及其因活动产生的社团文化和校园文化间的关系。当然,这种价值关系中的主体是多元的,从微观上看其应该包括学生、教师和学校的管理者(这些是个人),从宏观上看其包括国家、社会和大学(这些是个人的集合体)。按马克思关于价值的理论,作为客体的社团活动、社团文化及由此产生的校园文化,满足了作为主体的个人和个人集合体的需求。这种需求可以从文化、娱乐需求上来理解,也可以从教育、认知需求上来理解,还可以从道德、审美需求上来理解。从这种需求关系上来看,大学生社团价值应该归为精神价值。

三、研究方法

有研究就必然有研究方法,任何一项研究都离不开研究方法的支撑。从某种意义上说,研究方法可以决定科学研究的结果。选用科学合理的研究方法,可以使研究工作事半功倍。

本书的研究主题是价值。关于价值的研究方法有很多,但考虑价值的主要特性在于其主体性,因而大多数有关价值的研究都是从主体研究出发。价值因人而异,不同主体与客体的价值关系,不同主体的价值观念、价值目标及价值矛盾均不相同。因此在研究方法上,选择能突出价值主体的不同立场、标准和原则,深层次探究主体的本性、目的和需求,从而更好地研究价值的形成、内涵、目标、评价及矛盾等的研究方法显得尤为重要。本书拟采用能较好地挖掘主体鲜明性及能较好地解释主客体关系的案例研究法为主要研究方法,辅之以文献研究法、历史考察法和调查研究法。

(一)案例研究法

理论和实际相结合是马克思主义的灵魂和精髓,同样的,研究大学生社团价值问题也必须将理论和实际相结合。案例研究法是指通过调查研究和资料搜集

---

① 李连科. 价值哲学引论[M]. 北京:商务印书馆,1999:70.

等途径,将已经发生的、典型的大学生社团事例,撰写成描述性的文字材料,然后用以佐证假设观点,或是以公正的态度对其进行评析,或是由其得出解决问题的途径的方法。案例研究法常常是对生活中的大量实际案例展开理性思考,并进行理论提炼,因此特别适合针对大学生社团这种有具体的组织实体和活动对象的研究。案例研究法是本书采用的主要研究方法。

本书将选择笔者所在的公立本科高校 H 大学的大学生社团作为主要案例对象,同时针对一些相关问题也适当选择其他高校的大学生社团案例来进行充实。笔者将利用工作之便,通过参与、观察和体验 H 大学的大学生社团的具体活动,对其活动中的原始事件进行记录,同时访谈、调查、搜集、整理社团成员在社团发展过程中有关的心理需求的变化、个人能力的改变、价值选择的转变等资料,运用从具体到抽象、从个体到普遍的分析范式对大学生社团进行基本判断和解析,抽象出具有普遍意义的研究结论。由于需要对案例进行实际的参与、观察和体验,所以,实际上本书还使用了观察法,即研究者用自己的感官或辅助手段,去了解、观察研究对象,从而获得有用信息和资料,达到研究目的。

(二)文献研究法

搜集、整理、比较、分析相关文献资料,并形成对事实的科学的认识,是文献研究法的主要内容。本书一是搜集了大量有关大学生社团的相关政策、制度、调查报告、案例、学术论文等第一手材料,对其进行分类、分析与整理,从价值的视角分析大学生社团的相关问题,并在对前人关于大学生社团的研究成果进行全面系统的梳理、评判的基础上定位本书的研究视角和内容;二是查阅、学习、研究和理解了与大学生社团、价值相关的理论,特别是关于价值的各种论述,并借鉴了哲学、教育学等有关学科的概念、原理和方法。

(三)历史考察法

任何事物的产生、发展必有其历史过程,大学生社团也不例外。历史考察法是指把已经发生的历史事件作为考察对象,从中归纳、总结、提炼出带有一定规律性的结论,以指导现实行为的一种科学研究方法。正如列宁所言,"不要忘记基本的历史联系,考察每个问题都要看某种现象在历史上是怎样才产生的,在发展中经过了哪些主要阶段,根据它的这种发展去考察这一事物现在是怎样的"。从历史的观点来看,大学生社团的产生、发展都是有其社会背景的,是历史在起作用。本书将借助历史考察法,通过对历史资料的分析、整理,梳理出不同时期大学生社团产生及存在、发展的价值依据,并进一步归纳、总结,为分析当前大学生社团的价值提供借鉴。

(四)调查研究法

真相来源于事实,没有调查就没有发言权。在科学研究中,最常用的科学研究方法之一就是调查研究法。不论是在理论研究还是在应用研究中,都可以找到调查研究法的踪迹。调查研究法一般以个体为分析单位,抽样后,多数是通过调查问卷或个别访谈的形式完成对样本对象的相关调查,并对调查结果加以分析,为展开后续研究做准备。与其他研究方法相比,调查研究法有许多优点,比如不受空间和时间的限制,往往能在短时间内获得大量资料,这也是其他研究方法不能比拟的。本书在主要采取案例研究法和观察法的时候,考虑到大学生社团主体的需求、客体的感受可能不能通过案例或从已发生的实际活动中观察到,故而通过抽样的方法,以大学生社团的价值主体为调查对象,通过调查问卷、个别访谈等收集更全面的资料,并加以分析。

本书根据研究目的,设计制作了大学生社团调查问卷,并在三所大学进行了问卷调查,发放问卷 800 份,回收 752 份,有效问卷 716 份。设计了关于大学生社团的访谈提纲,对 H 大学的大学生社团成员及相关教师展开了 30 余次访谈,形成了约 2 万字的访谈记录,并提炼总结了 20 多个案例。

第二章

大学生社团的
发展及其属性

大学生社团随着大学的产生而产生，随着大学的发展而发展。作为高等学校中的学生组织，大学生社团的发展历程与大学生的学习生活、高等教育乃至社会政治、经济都紧密相关，且互相影响。我们研究大学生社团的价值，首先就应该了解大学生社团的发展历史及其基本属性，也就是"大学生社团是什么"的问题。

第一节　大学生社团的产生与发展

在大学生社团几百年发展的历史中，其起源、产生与发展动因都是值得细细梳理的。深入研究大学生社团的发展，是正确认识"大学生社团是什么"的基本前提。大学生社团的起源最早可追溯至中世纪，中世纪大学孕育了大学生社团最早的雏形，而其后大学生社团在不同国家和地区的产生和发展是不尽相同的。

一、大学生社团的产生

大学生社团的产生最早可追溯至中世纪，可以说中世纪大学孕育了大学生社团。中世纪以后，西方大学的中心由欧洲的意大利、法国向德国、英国转移，随着高等教育的发展，现代意义上的大学生社团在 17 世纪以后在英国、美国产生。

（一）大学生社团的起源

中世纪，一些仿照手艺人行会组成的教师行会和学生同乡会成为中世纪大学的雏形，也可以将其看作行会组织和团体。

说到学生同乡会，就不得不提到延续至今的最古老的大学之一——博洛尼亚大学，它是现代大学的三个"原型大学"之一。最初，来自博洛尼亚以外地区的大学生由于安全保障的需要，在博洛尼亚大学里成立了各自的同乡会，以获得政治特许权，并在同乡会内部产生了学生领导人对同乡会进行管理。这些同乡会是有实权的，同乡会中的学生领导人成为学校的领导力量，"有权对整个大学的行政事务进行管理,特别是拥有司法裁定权,而且有权雇佣教师,规定老师的报酬"[1]。后来,随着这些学生同乡会不断地联合扩张、相互合并,博洛尼亚大学的学生同乡会合并为两个大的学生团体——山南会社和山北会社,到了15世纪,这两个会社也合二为一了。可以说,当时的博洛尼亚大学就是以学生同乡会为主体的学生社团。

另外一个现代大学的源头——巴黎大学,是一所实施以教师为主导管理模式的大学。13世纪,"巴黎大学以两种组织形式基本固定下来:一种是以学生原籍和语言为标志的四个民族团,一种是以学科为特征的四个学院。四个民族团是:诺曼底民族团、庇卡底民族团、英格兰民族团和法兰西民族团。四个学院是:艺术学院、神学院、法学院和医学院"[2]。这里的"民族团"实际就是早期的学生社团,"学院"就是教师社团,学生社团和教师社团是被当时的法国国王承认的合法组织,这些社团都是在为保护自身利益、争取合理权利的基础上建立的,并具有相对的自治性。

(二)大学生社团的产生

中世纪大学里产生的学生社团并不等同于现代意义上的大学生社团。大学变成了本科生的生活圈之后,大学受其结构和组织的变革影响分出了一种学生亚文化,在这种情况下,现代意义上的大学生社团才真正产生。

1. 大学生社团在英国的产生

在英国,18世纪的大学枯燥无味。在这一个世纪里,大学的注册人数比以往任何时候都要少。大学生活的冗长与墨守成规,使大学生在大量的过剩时间里参与了一些毫无意义的事情,而学习和研讨变成了第二位的。与此同时,由于害怕骚乱或示威情形的出现,大学对本科生加以诸多限制,竭力避免出现学生聚集的场面。但此时,汉诺威王朝时代文明的象征——咖啡屋、茶室和巧克力店等公共聚会场所已逐步开设到了大学围墙之外,"普通的点心店和娱乐场所被看作学院生活可以选择的一种先进的城镇文化"[3],虽然这种聚会场所受到大学最高管理层的强烈反对,但仍然无法阻止学院导师和学生的频频光顾。18世纪中后期,"会所

---

① 黄福涛. 外国高等教育史[M]. 上海:上海教育出版社,2008:55.

② 吕春辉. 西方大学学生社团的发展变迁及启示[J]. 现代教育科学,2009(1):12-17.

③ 〔美〕谢尔顿·罗斯布莱特. 现代大学及其图新:纽曼遗产在英国和美国的命运[M]. 别敦荣,译. 北京:北京大学出版社,2012:113.

和社团取代了牛津和剑桥市镇上的咖啡屋,这是大学历史的一个独特的、更积极且影响更持久的新时期"①。

实际上,自克伦威尔摄政开始,牛津和剑桥镇上就出现了某种形式的会所——晚餐会所、政治会所和娱乐会所,"至少在1633年,牛津就出现了一个名为化学俱乐部的社团,其活动重在激发思想。10年后,一个嘲讽者俱乐部诞生了"②。大约在1714年,牛津大学产生了两个存在了几十年的政治俱乐部:一个是辉格俱乐部,一个是辉格俱乐部的死对头——高伯雷斯俱乐部。在剑桥大学,同样存在两个对立的政治俱乐部:真蓝俱乐部和橙色俱乐部。这一时期社团频频诞生,如1726年成立的标榜为文学社团的佐迪亚克俱乐部,1737年成立的半秘密哲学社团自由犬儒、胡诌俱乐部和田园社,先后于1721年和1750年创立的秘密文学社诗社和杰利包俱乐部。由于受到大学管理层的反对,这些社团多半处于秘密或半秘密状态,聚会的地点多数是在酒店或咖啡屋,而不是学院。这些社团中虽然有部分成员是学生,但大部分成员却是学院院士或学士。到18世纪中后期,本科生能加入的俱乐部越来越多,牛津大学有一个叫红青鱼俱乐部的社团,规模相当庞大,"其成员包括了在18世纪中期注册学生的15％"③。但这些早期的会所"似乎与职业准备、奖学金或者业余爱好没有任何关系,它们成立的目的可能就是为了娱乐。其主要活动就是聚餐和宴饮,而不是相互启迪,尤其是在政治热情低落的时期更是如此"④。这些会所能将建立联系的人们集合在一起,但其并不能持久和稳定存在,许多俱乐部在其主要组织者或活跃者离开大学之后就会迅速消失。

虽然18世纪早期的俱乐部形式一直延续至下一世纪,但在18世纪后期又产生了一种新的学生社团形式,"它在某个方面与大学或学院有更密切的更实质的

---

① 〔美〕谢尔顿·罗斯布莱特. 现代大学及其图新:纽曼遗产在英国和美国的命运[M]. 别敦荣,译. 北京:北京大学出版社,2012:114.

② 〔美〕谢尔顿·罗斯布莱特. 现代大学及其图新:纽曼遗产在英国和美国的命运[M]. 别敦荣,译. 北京:北京大学出版社,2012:115.

③ 〔美〕谢尔顿·罗斯布莱特. 现代大学及其图新:纽曼遗产在英国和美国的命运[M]. 别敦荣,译. 北京:北京大学出版社,2012:116.

④ 〔美〕谢尔顿·罗斯布莱特. 现代大学及其图新:纽曼遗产在英国和美国的命运[M]. 别敦荣,译. 北京:北京大学出版社,2012:116.

联系,从其性质看更具持久性,或者从其格调看更具严肃性"①。第一个新的大学生社团是18世纪80年代初期在牛津大学成立的凤凰社——一个至今仍然存在的大学生社团。它采用了餐会和文学社的模式,限定人数为12人,成员穿着统一的服装。其成员不仅要求来自有产家庭,而且还要有爵位,最初的九位组织者中有五位后来被选为布雷斯诺斯学院的院士。到了19世纪,凤凰社逐渐演变成为布雷斯诺斯学院低年级本科生的活动会所。18世纪90年代,牛津大学圣体学院院长的侄儿成立了另一个由低年级本科生参加的会所并成为低年级本科生重要的社交中心。乔治王朝后期,牛津大学和剑桥大学还成立了许多大学生社团,其中最重要的大学生社团有三个:两个是具有学术性的辩论会,一个是著名的"12人秘密会社"——剑桥传道者俱乐部。

2. 大学生社团在美国的产生

17世纪,一些毕业于英国剑桥大学的清教徒移民到北美。在北美荒芜的大地上,他们有了将英国大学的传统移植过来的想法。在殖民地总督的批准下,1636年清教徒在坎布里奇仿照英国的牛津大学和剑桥大学创立了一所学院,并于1639年将其更名为哈佛学院。在哈佛学院创立的半个世纪后,英国在北美殖民地建立了第二所、第三所高等教育机构——威廉玛丽学院(1693年)和耶鲁学院(1701年)。殖民地时期的学院规模从几十人到几百人不等,与现代大学相比可称为"迷你"学院。这些"迷你"学院受浓郁的宗教氛围熏陶,秉承严格的教会式管理;学生过着家庭式的学院生活,言行举止受到严格的约束与监视,学生之间不可能有过多的接触,自然也难以形成团体。这种情况一直持续到18世纪中叶。

1750年前后,殖民地学院得到进一步发展,学院在校人数也得到较大提升,耶鲁学院相继出现了两个文学社团——克罗托尼亚协会和利诺尼亚协会。早期的文学社团主要是开展一些文学、辩论、演讲等活动,极大地丰富了学生的课余生活。这一时期,"在多数学校都有两个或三个相互竞争的文学社团,学生热衷于社团的辩论活动,许多学生对社团活动的兴趣远比所要修习的正式课程兴趣要高"②。但这些社团活动并没有得到校方的支持,反而由于学校担心学生的信仰被误导而经常受到学校的警告。

① 〔美〕谢尔顿·罗斯布莱特. 现代大学及其图新:纽曼遗产在英国和美国的命运[M]. 别敦荣,译. 北京:北京大学出版社,2012:118.
② 陈学飞. 美国高等教育发展史[M]. 成都:四川大学出版社,1989:16.

34

　　这个时期,大学生的一切行为都由校方安排,学习、生活完全处于学校的严格控制之中,学生想开展社团活动只能秘密进行,于是学生秘密社团应运而生。1776年,威廉玛丽学院的五名学生创建了第一个秘密社团——菲贝卡协会,这是一个只限男生参加的秘密精英组织,又称"兄弟会"。1780年,迪保尔大学的学生成立了第一个女大学生秘密社团——姐妹会。此后,其他高校纷纷效仿成立类似的秘密社团,他们一般选择三个希腊字母作为会名(如 ΓΨΦ、ΦBK),其名称光怪陆离、五花八门,如斧头会、毒蛇协会、猫头鹰协会、骷髅会,似乎越怪异的名称越能显出秘密社团的标新立异和与众不同。这些秘密社团对成员的选择有极高的要求,入社的选拔也极其苛刻,每个社团的成员数量一般不会太多。仔细研究这些秘密社团,会发现它们的一些共同特点:一般源于名校,历史悠久;培养了大批社会精英;选拔严格,行动诡异;机制严密,从不外泄;社会影响巨大。这一时期,美国大学还有一些享乐型的社团存在,如哈佛大学的食猪社,其创始人约瑟芬曾用烤乳猪招待朋友,成员齐聚室内,在享用烤乳猪的同时锻炼各人的公开演说能力。一直到独立战争爆发前的100多年,这类以交友为目的的秘密社团和享乐型社团成为美国大学生课余社交的主要途径,但这些社团大多数都与学生学业毫无关系,成员崇尚享乐,追求标新立异,是学校强烈反对存在的组织。

　　3. 大学生社团在我国的产生

　　早在春秋战国时期,在"学在官府"的垄断局面被打破、私学日渐发展的基础上,我国就出现了类似现在的学术性团体,诸子百家、百家争鸣也是那个时期学术团体活跃最主要的表现。当然,诸子百家代表不同阶层和集团的利益,并且各有代表人物。他们著书立说,广收门徒,成员有团体意识和共同的道德规范,这实际上已形成了意识形态上的学术团体。故而梁启超在《论学会》中说:"学会起于西乎? 曰:非也,中国二千年之成法也……孔子养徒三千,孟子从者数百……先圣之道所以不绝于地,而中国种类不至夷于蛮越,曰惟学会之故。"[①]这种因读书人志趣相投而聚在一起交流思想、讨论学术形成的"同乡会""朋党""党社""团契"可看作我国古代学生社团的起源。

　　我国真正意义上的大学生社团是在现代大学建立之后产生的。我国最早的大学是外国人在上海创办的圣约翰大学,前身是1866年美国圣公会在上海开办的培雅学堂。国人自主创办的最早的官立大学是1895建立的北洋大学堂(今天

---

① 梁启超. 梁启超文集・论学会[M]. 北京:燕山出版社,1997:22.

津大学),而最有标志性的是 1898 年建立的京师大学堂(今北京大学)。京师大学堂学生成立的抗俄铁血会是我国的第一个大学生社团。1904 年初,日、俄为争夺在朝鲜半岛和中国的利益,发动了日俄战争。京师大学堂学生丁开嶂与同学张榕等赴东北开展抗俄活动,组织成立了抗俄铁血会,宣称其宗旨在于"纠合海内外学生及直、奉、吉、黑四省之绿林领袖","大败俄罗斯于东清而后止"。当时的入会者一半为学界志士,一半为绿林会党。战争结束后,抗俄铁血会便解散了,它是北京大学有史可考的第一个学生社团组织。在此之前,南洋公学爆发了全国首次学生退学风潮。1902 年 11 月,一些退学学生在蔡元培等人的帮助下,在南京成立了爱国学社,参加的学生思想活跃,创办刊物,参与学潮,倡导革命。虽然爱国学社成立的时间早于抗俄铁血会,但其成员主要是退学学生,不是严格意义上的由在校大学生自主组建的社团,因此,我国第一个真正意义上的大学生社团应该是 1904 年由在校大学生发起组建的抗俄铁血会。

二、大学生社团发展的动因

大学生社团是伴随着大学产生而产生的,有些古老的大学至今依然存在,而当年的学生社团有的仍然存在,有的早已消失在历史的长河中。纵观历史,自大学生社团产生至今,其数量、规模都呈几何倍数增加,涵盖范围、组织形式也发生了巨大的变化。大学生社团的这些发展变化与大学生学习、生活的需求,高等教育的发展以及时代的需求有着直接的关系。

(一)大学生学习、生活的需求与大学生社团的产生

大学生社团最初的发展是基于大学生追求文明生活的需求。早期的大学生活是枯燥乏味的。由于害怕大学生参与政治或宗教斗争而引起不必要的骚乱,当时的大学是反对大学生集聚在一起的,但禁锢的围墙阻挡不了大学生追求社会文明的变革。"品行仁慈、开放包容、见闻广博、举止得当的社会形象、能力出众等为人处世要求,正是乔治时代伦敦的文明革命带给大学的价值,它对枯燥乏味、狭隘粗俗、变革迟缓以及曾经无疑是粗野的学院生活确实是一个重要挑战。"[①]新的文明与价值观对大学生的冲击是强烈的,学生不再愿意只做克己自制、献身学术的腐儒,既然大学不能提供使大学生成为学问渊博、品行端正的绅士的条件,那学生

---

① 〔美〕谢尔顿·罗斯布莱特. 现代大学及其图新:纽曼遗产在英国和美国的命运[M]. 别敦荣,译. 北京:北京大学出版社,2012:113.

自然就把目光转向大学之外的场所,从校外咖啡屋到俱乐部和学生会社,大学生集聚在一起寻找志趣相同的朋友,追求、学习和体验一种新的文明生活,这导致了18世纪秘密或半秘密社团在牛津大学、剑桥大学的迅速发展。

大学生集聚在一起发展兴趣爱好的需求促使了大学生社团的快速发展。大学生原本就喜欢聚集在一起谈论自己喜欢的事情,当大学无力再阻止大学生社团发展时,一些志趣相同的大学生便纷纷成立各种社团。18世纪时,大学生成立的社团多以文学社团或辩论社团为主,如1721年和1750年创立的学生社团——诗社和杰利包俱乐部就是秘密文学社。由于大学生的行为受到约束,"会员多半聚集在酒馆创作诙谐诗文,其作品多了些粗俗,少了些讽刺(讽刺在18世纪前半期是一件严肃的事情)"①。1750年前后,耶鲁学院学生创立的克罗托尼亚协会和利诺尼亚协会都是文学社团。1758年,剑桥大学的一群辩论爱好者成立了亥盛俱乐部。在当时,这些社团极大地丰富了大学生的课余生活,也吸引着更多的大学生加入或成立新的社团。在美国,独立战争爆发后大量兴起的兴趣爱好类社团,如音乐俱乐部、戏剧俱乐部、辩论俱乐部、宗教俱乐部,在相当长的一段时期内成为美国大学生主要的课外活动场所,学校对这些社团基本持放任态度。

我国大学生社团在发展之初,大学生因共同的兴趣、爱好聚在一起,以弘扬兴趣为目的的社团也发展得非常迅速。在清华大学,1920年底成立了以"联络感情、交流心得"为宗旨的文学社;1926年成立了以"砥砺人格、研究学说"为宗旨的弘毅学会,并出版《弘毅》月刊;1927年成立了以"研究文艺"为目的的文学社团终南社,经常聘请文学名人演讲;1928年,中文系的教授和学生共同发起创办了以"研究文学、联络感情并谋求中文系的发展"为宗旨的中国文学会。在北京大学,1918年胡适、郑阳和发起成立了美学会,主要通过募集资金帮助那些"可以成材而无力求学之学生";1919年蔡元培、李大钊、胡适等人成立了北京大学课余俱乐部,"以求学问借以联络感情交换学识为宗旨,由会员捐助购置书报,布置古物和美术品展览,组织诗社、词社等"②。由此可见,大学生展示才华、张扬个性需要一个广阔的平台,而大学生社团提供的形式多样、丰富多彩的社团活动正好迎合了大学生的需求,因而大学生社团得到快速发展。

---

① 〔美〕谢尔顿·罗斯布莱特. 现代大学及其图新:纽曼遗产在英国和美国的命运[M]. 别敦荣,译. 北京:北京大学出版社,2012:115.

② 张玲霞. 论清华大学早期的文艺社团及其刊物[J]. 清华大学学报(哲学社会科学版). 2000(5):80-85.

大学生的娱乐、运动需求也是促使大学生社团发展的重要原因。在早期的大学中,大学生有大量的闲暇时间。在18世纪初期的大学中,跳舞、击剑和网球是流行的运动项目,跳绳、毽球、撞球、保龄球甚至青蛙跳都是大学生热衷的娱乐活动,"冬季只要剑河和爱瑟斯河结冰,溜冰就是本科生时兴的运动;夏天在天气晴朗的时候,剑桥的戈兰切斯特河、牛津的埃弗利河、迈德利河或郭德斯都河都是本科生游泳的好去处,而那些不需要太费体力的流行娱乐主要是打牌和下棋"①。虽然那时大学生的娱乐活动形式丰富多样,但流传下来的活动几乎没有团体形式的。18世纪末,"在牛津大学,学生成立了一家专门从事板球运动的布林顿俱乐部"②。19世纪20年代,类似的大学生竞争性娱乐团体大量兴起,如1827年剑桥大学的三一学院至少有四个划船俱乐部,到了1828年,所有学院都成立了划船俱乐部。

20世纪二三十年代,"杜威的实用主义教育哲学大行其道,许多人认为学术研究与课外活动双管齐下才是完整的教育,大学生社团也由重视生活享乐和人际交往,转而研究社会问题"③,由此产生了一些由师生共同参加的、针对某一学术领域或社会问题的讨论活动,并逐渐演变为研究学术或社会问题的社团,如在耶鲁大学成立的争取工业民主联盟、在哈佛大学成立的社会政治俱乐部。

(二)高等教育的发展与大学生社团的发展

在美国,"赠地运动"带动了高等教育的蓬勃发展,高等教育规模快速增长,大学的在校生人数不断增加,体育馆得到大力兴建。大学生聚集在一起可以进行体育比赛、艺术表演或讨论学术问题等,不再局限于讨论文学,大学也慢慢意识到良好的社团活动不仅对培养学生的素质是大有好处的,而且能宣泄青年学生过剩的精力,于是开始支持并鼓励这些体育、文学、戏剧社团。有了学校的支持,这些社团得到迅速发展,并渐渐摆脱教师和学校的控制。

随着高等教育的发展,大批学生不断进入大学,教师不再对学生的宿舍、饮食及行为有过多的管理,转而向学术研究投入更多的精力,因此对学生的课外活动

---

① 〔美〕谢尔顿·罗斯布莱特. 现代大学及其图新:纽曼遗产在英国和美国的命运[M]. 别敦荣,译. 北京:北京大学出版社,2012:121.

② 〔美〕谢尔顿·罗斯布莱特. 现代大学及其图新:纽曼遗产在英国和美国的命运[M]. 别敦荣,译. 北京:北京大学出版社,2012:123.

③ 张家勇. 美国大学的学生社团活动[J]. 比较教育研究,2004(4):80-84.

也渐渐放松了控制,这为学生社团的发展提供了良好的空间。因此,在 19 世纪末 20 世纪初,继早期成立的斧头会、毒蛇协会、骷髅会等秘密社团之后,一些以交友为目的的兄弟会、姐妹会等秘密社团在美国大学中或秘密或公开地普遍存在。另外一些公开的社团更是迅速发展,如 1903 年在耶鲁大学组建的梵文学者协会(至今仍然存在)、1904 年于宾夕法尼亚大学成立的自由言论协会和 1909 年成立于耶鲁大学的维芬普大协会,"而 1905 年由纽约一些大学的学生联合组织的'校际社会主义者协会'(ISS),则标志着美国学生社团活动从此正式走向了组织化的时代"[①]。

在美国,大学生社团的发展与高等教育发展间的联系尤为明显。"二战"结束后,大批退伍军人涌入高校学习,加之战后重建对人力资源的需求,公立高等院校的学生人数又一次膨胀,高等教育规模迅速扩张,美国也由此步入高等教育大众化阶段。此时,由于政府对教育的重视和投入,大学生也把注意力更多地转向了关注个人学业及未来发展,大学生社团因而进入了一个相对沉寂的时期,直至文学反叛社团出现。20 世纪 60 年代末,美国社会动荡不安,刚刚结束的学生运动使学校和社会加强了对学生社团的研究和管理,并产生了学生发展理论,逐步确立了以学生为中心、重视学生个性发展并促使学生全面发展的学生观和学生管理理念。在这种理念指导下,大学生社团的教育功能日益受到重视。20 世纪 80 年代,随着高等教育大环境的改善,美国大学生社团开始全面复苏,并且由殖民地时期的追求片面自由和 60 年代的反叛、激进转向全面而理性,大学生在注重自我发展、自我实现的同时,也积极参与社区活动、奉献爱心。"人们普遍认为,正是众多的学生社团和活跃的社团活动造就了众多政、商、军、科学、文教界的杰出人才。"[②]与此同时,各大学也加强了对学生社团的管理,使其更加规范化,基本上每所大学都制定了相关的社团管理规定。

时至今日,美国的高等教育举世闻名,美国大学的学生社团规模和影响堪称世界之最。在美国,参加社团是大学生校园生活的重要部分,像哈佛大学和斯坦福大学的注册学生社团都有 600 多个,平均几十个人就有一个社团,并且社团涵盖范围极广,从学术、文艺、体育、娱乐到哲学、社会、政治、宗教等都有涉及,说明了美国大学对学生社团管理的开放程度,也反映了美国高等教育对多元文化的包容和追求自由的精神。

---

① 欧阳大文. 中美高校学生社团的比较研究[D]. 长沙:湖南师范大学,2007:44.
② 吕春辉. 西方大学学生社团的发展变迁及启示[J]. 现代教育科学,2009(1):12-17.

在我国,20 世纪 90 年代以后,随着高等教育的改革发展和素质教育的不断推进,单一的专业教育模式难以满足大学生的需求,作为素质教育重要平台和校园文化建设重要载体的大学生社团由此得到了高度的重视。2004 年《中共中央、国务院关于进一步加强和改进大学生思想政治教育的意见》和 2005 年《共青团中央、教育部关于加强和改进大学生社团工作的意见》等文件的发布与实施,使大学生社团犹如雨后春笋一样迅速发展,团中央在 2005 年 5 月的一项调查统计表明,全国共有大学生社团约 45000 个。如北京大学,"1987 年大学生社团只有 40 余家,1998 年百年校庆时共有社团 86 个,到 2008 年,已发展到 261 个"①。这一时期,大学生社团的发展不仅表现为数量的增加,也体现在大学生社团对大学生的影响方面。大学生社团在种类、结构、形式、内容等方面的变化,使社团活动的学术水平、科技含量、服务社会的能力大大提高。一时之间,大学生社团百花齐放、百家争鸣,成为大学校园中不可或缺的重要部分。

(三)时代的需求与大学生社团的发展

由于大学生对政治的敏感性较高,所以早期的大学和当权者非常害怕学生聚集在一起评论时局和谈论政治,因而严令禁止大学生社团存在。但当管理者无力阻止大学生社团产生时,大学生社团便蓬勃发展。而大学生社团,"作为学生联系社会的桥梁和纽带,尤其在国家危急的特殊时期,成了学生干预政治、关心国事的重要筹码"②。高等教育的发展与社会发展息息相关,许多大学生社团就是某个时代的产物。古今中外,但凡政局动荡时期,便会有一批大学生社团产生,当然,这些社团的主要作用就是为青年学生提供参与时局和政事的平台。

20 世纪初期,"美国大学里出现了基督教青年会,以推广民主政治与社会改革为目的的学生社团也陆续在各大学出现"③,如 1942 年成立于芝加哥的大学生民权组织(CORE),发起人是以詹姆斯·法默为首的一群信仰和平主义与社会主义的大学生。它是第一个真正根植于大学校园的学生民权组织,"该组织所崇尚的直接行动策略和独创的静坐示威方式成为 60 年代学生运动的重要法宝"④。20世纪 60 年代,美国新左派运动爆发。它是一场由争取民主社会同盟(学生社团组

① 伍德勤. 大学生社团活动的理论与实践[M]. 合肥:合肥工业大学出版社,2011:8.
② 赵瑞情. 我国学生社团的使命:基于历史发展的分析[J]. 教师教育研究,2008(3):64-68.
③ 张家勇. 美国大学的学生社团活动[J]. 比较教育研究,2004(4):80-84.
④ 吕庆广. 60 年代美国学生运动[M]. 南京:江苏人民出版社,2005:109.

织,曾在密歇根州召开全国代表大会,发表《休伦港宣言》,正式成立新左派组织,要求参与管理大学、改革教育)领导的、旨在改革现状的激进青年学生运动。这场运动声势浩大,历时六年之久,历经改革学校和唤醒民众、反战运动、支持黑人斗争三个阶段,参与学生数十万计,最后由于没有正确的思想、理论做指导等原因而衰落。在这场运动中,学生社团扮演了重要角色,如争取民主社会同盟作为运动的领导者,南方学生民权组织发起了以黑人学生为主体的学生运动。在学生运动爆发后,一批激进的学生社团迅速产生,如古巴旅行学生委员会(1962)、政治运动俱乐部(1962)、自由言论运动(1964)、气象员(1969,后发展为暴力组织)。学生运动后期,逐渐出现了一些以暴力为主或有暴力倾向的学生社团,如新年党、四月部落、傲鹰部落、笑狐部落、白豹党,他们频繁制造恶性暴力事件,引起了大多数人的反感。但这些学生社团中的大部分后来因为学生运动的结束而分化、解体、消失。

在中国,五四运动前后掀起的全国性的大学生社团高潮,也证明了时代需要对大学生社团发展的巨大影响。这一时期,国家内忧外患,外受列强欺压,内有军阀割据,加上政府腐败、政局混乱,青年学生干政是不可避免的。其时,北大、清华等现代大学的诞生也为大学生社团的发展提供了坚实的基础,特别是1917年蔡元培出任北京大学校长后,主张"通过组织各种社会团体来联络革命同志,宣传反清革命,反对帝国主义侵略,提倡改良封建教育"[1]。在这种历史背景下,1919年五四运动前后,一大批现代意义上的大学生社团风起云涌,其中,在北京大学成立的就有十几个之多。如1917年成立的以"进德修学"为宗旨的实社;1918年成立的以"本科学的精神,为社会的活动,以创造少年中国"为宗旨的少年中国会,以"介绍西洋近代思潮,批评中国现代学术、社会问题"为宗旨的新潮社,以"增进国民人格,灌输国民常识,研究学术,提倡国货"为宗旨的国民杂志社;1919年成立的以"增进平民智识、唤起平民之自学心"为宗旨的平民教育讲学团,以"亦工亦读、工读互助"为宗旨的北京工读互助社;1920年成立的以"研究马克思主义著作"为目的的马克思学说研究会。其中,少年中国会由王光祈、周太炎等发起成立,由李大钊任指导教师,出版了《少年中国》,是"五四"时期存在时间最久、影响最大的大学生社团;马克思学说研究会是在李大钊的倡导下,由邓中夏、黄日葵、高君宇等人在北京成立的研究马克思主义和社会主义的团体,也是中国最早研究和传播马克思主义的团体,参加者不仅有学生还有工人,最多时成员人数达120多人。同

---

① 石新明. 论蔡元培先生的"扶植社团思想"[J]. 北京科技大学学报(社会科学版),2001(5):31.

时期,其他大学成立社团的积极性也非常高,如1917年在武昌中华大学成立了以"群策群力、自助助人"为宗旨的互助社,1918年在湖南高等师范学校成立了以"改选中国与世界"为宗旨的新民学会,1919年在南开大学成立了以"反省、实行、持久、奋斗、活泼、愉快、牺牲、创造、批评、互助"为宗旨的觉悟社,1919在复旦大学成立了以"研究合作主义,提倡平民教育,发展平民经济"为宗旨的平民周刊社。这些进步社团,是"五四"新文化和民主爱国运动的直接产物,其以国家发展为己任,为我国的革命、科学和教育事业培养出许多杰出人才,发挥了特殊的积极作用。虽然这些社团大多持续时间不长,随着五四运动的结束,有些社团也随之解散或停止活动,但其对我国大学生社团发展的意义不可估量。即使在条件艰苦的西南联大,时代的需求也使得校园的社团活动没有消失,众多文艺团体在那个特定的时代蓬勃生发。如1938年底成立的群社,其宗旨为"联络感情、增进友谊,举行时事报告和学说报告,展开文艺体育活动"①;以"互相砥砺,共同切磋,为开展抗日救国的戏剧活动,丰富文化生活,研究戏剧艺术而努力"②为宗旨成立了联大剧团;1940年,由群社的一群爱好文学和艺术的师生成立了冬青社,他们在校外办有《冬青》街头报,在校内办有壁报《冬青杂文》,文章多短小精悍,文字激扬,集中讨论时局、社会问题和学校问题。

第二节 大学生社团的基本属性

要探讨"大学生社团是什么"这个问题,只了解它的起源及发展历史是远远不够的,因为发展历史仅仅阐述了大学生社团的客观存在或发展的客观规律,而对大学生社团本质的研究必须从其内生的关系属性方面来探讨,特别是要对大学生社团本身的组织属性进行研究。

一、组织理论发展与组织属性

大学生社团是一种组织,因此在探讨大学生社团的基本属性之前,我们先看看什么是组织及其属性。在现代社会中,组织贯穿于社会生活的方方面面,个人

---

① 张玲霞. 论西南联大的文艺社团及其刊物[J]. 新文学史料,2002(2):175-180.
② 张玲霞. 论西南联大的文艺社团及其刊物[J]. 新文学史料,2002(2):175-180.

的生活、工作和学习都离不开组织。作为现今社会突出的特点之一，组织一直是学术界研究的重要课题，组织理论也作为一门学科发展成为体系和内容都很庞杂的领域。从时间上来说，可将组织理论的发展分为三个阶段：1900—1930 年为古典组织理论时期，1930—1950 年为行为科学组织理论时期，1950—1980 年为现代组织理论时期。

(一)古典组织理论时期

古典组织理论的代表理论有泰罗的科学管理理论、法约尔的行政管理理论和韦伯的官僚制理论。这些理论研究组织的主要目的是提高生产效率以增加收益，其理论假设为组织是封闭的人与机器的结合体，人与组织的关系表现为归属的唯一性，其行为是以获得经济利益为导向的。

泰勒是科学管理运动的先驱者，被誉为"科学管理之父"，其管理理论的目的是为了提高效率，以最小的投入获得最大的收益。泰勒提出了四项"最根本的重大管理原则"：建立真正科学的劳动过程；形成科学的选拔与用人机制；科学培训与科学的劳动过程相结合；正确划分工人与管理人员的实际工作。

行政管理理论是从宏观上探讨组织管理的知识体系，其代表人物法约尔被誉为"管理理论之父"。法约尔认为组织运行的五要素"计划、组织、指挥、协调和控制"就是管理。法约尔的主要贡献还在于其在吸收科学管理理论的基础上，提出了组织管理的 14 条原则，分别是：实行专业分工；权力与责任相一致；重视纪律；统一指挥；统一指导；个人利益服从组织利益；工作报酬公平合理；权力集中；等级链；建立秩序；做事公平；稳定的队伍；首创精神；团队精神。[①] 他还最早提出了组织结构的目标、专业、协调、权威、职责五大原则。

官僚制理论的代表人物是马克斯·韦伯。他关于官僚制理论的思想主要体现在《社会和经济组织的理论》一书中，其重心是组织制度的科学化与体系化。"权力分析"是韦伯组织理论建构的起点，他认为任何组织想要维持自身秩序，实现组织目标，就必须将某种形式的权力作为组织管理的基础。法制权力、传统权力和魅力权力是他认为的三种合法权力。其中，传统权力效率较差，魅力权力感情色彩过浓，而只有法制权力才能作为行政组织的基础。韦伯心目中的理想官僚组织体系具有如下六个特征：明确的组织分工；严格的等级体系；严明的组织纪

---

① 〔法〕法约尔. 工业管理与一般管理[M]. 周安华，译. 北京：中国社会科学出版社，1982：22-23.

律;规范的录用制度;实行任命制;固定的薪俸制度。

古典组织理论把人看作经济动物,立足于静态、结构和规范的视角来研究组织问题,分析组织的结构、过程和组织管理的基本原则,研究的内容包括组织目标、人员分工、责权利关系、管理规范等问题,强调正式组织、组织中的权力及职位,但忽略外部环境、动态发展及人的价值在组织中的作用是其局限性所在。

(二)行为科学组织理论时期

行为科学组织理论有诸多流派,较为著名的有乔治·梅奥的人际关系组织理论和切斯特·巴纳德的组织协作理论。该理论引入了心理学、社会学理论对组织理论进行研究,考虑了人的因素,以人为中心来分析人际关系及非正式组织对组织的影响。

人际关系组织理论的创始人是乔治·梅奥,他因主持"霍桑实验"而得名,其对组织理论的主要贡献表现在:①组织不仅是一个技术—经济系统,更是一个社会系统;②人是社会人,人的行为受到感情、情绪和态度的影响;③非正式组织对组织效率起重要作用,非正式组织与正式组织存在着互相依存的关系;④新型领导方式下,领导不仅要注重规则的管理,更应通过提高员工的需求满足度来激励员工的积极性,从而提高效率。

组织协作理论的代表人物是切斯特·巴纳德,他在《经理的职能》一书中提出了组织协作理论,强调合作是个人和组织成功的有效途径,其对组织理论的主要贡献表现在:①组织本质论,认为组织是两个或两个以上有意识协调的活动或效力系统。如果组织中的人没有合作的愿望和行为,就不能称其为有意义的组织。②对非正式组织进行研究,认为"无论在什么地方都存在着与正式组织有关的非正式组织,这对我们的目的来说是非常重要的"①。③提出权威接受论,认为权威不是"上级对下级的命令",而是下级对上级的认同。

行为科学组织理论将人看作社会人,强调通过人际关系的改善提高组织效率、忽略组织的正式结构及人的社会性以外的其他因素、以封闭的视角研究组织问题是其局限性所在。

(三)现代组织理论时期

现代组织理论是在现代科技发展的基础上、在古典组织理论和行为科学组织

---

① 〔日〕占部都美. 现代管理论[M]. 蒋道鼎,译. 北京:新华出版社,1984:180.

理论的基础上逐渐发展和完善起来的。现代组织理论主要包括卡斯特和罗森茨韦克的系统权变学派理论,梅耶、罗文等人的制度组织理论和彼得·圣吉的学习型组织理论。

系统权变学派理论在组织分析的系统论中影响深远。卡斯特和罗森茨韦克对该理论进行了深入的研究并形成完整的理论体系,强调组织是一个开放的系统,在与周围环境的不断相互作用中得到发展,其对组织理论的主要贡献表现在:①提出管理组织系统观。认为"管理组织是一个开放的社会技术系统,是由目标与价值子系统、技术子系统、结构子系统、社会心理子系统和管理子系统所组成的,组织从环境系统中接受能源、信息和材料,经过转换并向外部输送产品"①。②提出管理组织的权变观。认为"在管理组织与环境之间以及各子系统之间都有一致性,管理的首要任务就是寻求最大的一致性。管理组织与环境及其内部组织设计之间的和谐将提高效率,增加参与者的满足感。不同类型的管理组织都有适当的关系模式,进行权变分析可以对这些关系模式得出几个一致性结论"②。

制度组织理论的主要代表人物梅耶和罗文是现代组织制度理论的先驱,其代表作是《制度化的组织:作为神话和意识的正式结构》。该理论认为组织是自然和有机的系统,要了解其结构和功能,就需要分析它的有机特性。该理论对组织理论的主要贡献表现在:①认为组织会产生变异,组织在运行过程中脱离了创造者的控制,发展出非组织决策者经营管理的方向。②认为组织是个有机体,能够主动适应社会环境,因此要特别对组织环境进行分析,了解环境对组织产生的作用,发展组织对环境的依赖性。

学习型组织理论的代表人物是彼得·圣吉。他认为学习型组织是"能够设法使各阶层人员全心投入并有能力不断学习的组织","在其中,大家得以不断突破自己的能力上限,创造真心向往的结果,培养全新、前瞻而开阔的思考方式,全力实现共同的抱负,以及学会如何共同学习"③。学习型组织中的学习已经不是通常意义上的学习,而是涉及人的更高层面的价值追求,其学习动机是内发的,人们对未来充满了美好的愿景,并通过学习实现组织和个人目标。总之,学习型组织理论以系统动力学为理论基础,重视个人价值和愿望,通过个人成长实现公共愿景,强调修炼自我,激励个人不断学习,使组织成为学习型组织,使社会成为学习型

---

① 张长立.西方管理组织理论创新研究[D].苏州:苏州大学,2003:78.

② 张长立.西方管理组织理论创新研究[D].苏州:苏州大学,2003:78.

③ 季诚钧.大学组织属性与结构研究[D].上海:华东师范大学,2004:48.

社会。

通过梳理组织理论的演进过程,我们可以看到,组织理论的发展是一个不断发展、不断深入的过程,每种组织理论对组织的解释都有其合理的一面,不能以时间先后简单地评判其优劣好坏,不同的组织理论在不同的组织中会找到其存在的合理性和价值所在。

由此,可以从多个方面、多个角度来认识组织,但众多的表象背后蕴含着组织共有的属性:

第一,组织具有共同的目标。正是因为有着普遍认同的目标,个体才会聚集在一起形成互相协作的群体。

第二,组织具有制度规范,"无规矩不成方圆",这也是一个组织在制度及精神层面区别于其他组织的个性特征。

第三,组织包含不同层次的分工与协作,组织中的个体通过合理分工和相互协作实现共同的目标。

第四,组织内的要素既互相依赖又相对独立。组织与其他外部环境也存在同样的关系。

因此,"从社会实体的角度看,组织就是一个在统一的管理下,具有共同目标,并为达成这些目标而相互合作、相互联系和依赖的群体"①。

二、大学生社团组织的构成

《辞海》将社团定义为:"社团,法人的一种,经过法律手续成立的集体从事经济活动或社会公共事务的社会组织。前者,如合作社、公司等;后者,如有关政治、文化、艺术、科技、宗教等类型社会群众团体。"国务院1998年10月25日发布实施的《社会团体管理条例》指出,社会团体指的是"中国公民自愿组成,为实现会员共同意愿,按照其章程开展活动的非营利性社会组织"。这一定义着重突出了社会团体所具有的自愿性、组织性(按照章程组织活动)和非营利性。行业协会、联合会、商会和基金会等都是社会团体。

大学生社团是一个初级社会群体。它是"大学生在自愿的基础上,以共同的兴趣、爱好、追求为纽带,为满足自我归属需要、交往需要、娱乐需要、成就需要而

---

① 韩延伦,张慧娟,张万波. 学校管理问题、理论及模式[M]. 青岛:中国海洋大学出版社,2008: 91.

结成的同辈群体中的非正式群体"①。大学生社团成立后会有活动准则。这种活动准则虽然是非正式的,却是成员认同并约定俗成的。在后面的社团活动中,这种准则便会渐渐内化为社团成员的行为准则,保证全体成员在活动中步调一致。大学生社团在未成为独立团体之前属于非正式群体,也是初级群体。而在成为独立团体、成立组织之后,大学生社团虽然在组织性质上还是非正式组织,但在群体属性上,由于社团人数的增加、社团规模的扩大,组织内部成员之间的关系发生改变,成员间无法实现面对面的互动。这时候,一方面如果经营不善社团就会走向衰落,另一方面社团群体属性开始从初级群体向次级群体转化。也有研究者提出,现阶段我国的大学生社团是在大学相关部门的支持下建立起来的,受大学党团组织的领导、指导和约束,由此决定了"大学生社团从一开始就不是一个纯粹的初级群体,而是一个次级群体、一个社会组织"②。这也是大学生社团与正式组织的差别。

　　大学生社团是非正式组织。一般情况下,可将组织内部有正式分工的社会组织视为正式组织,将组织内部无正式分工的社会组织视为非正式组织。社会中的大多数组织都是正式组织,如政府机关、军队、学校、企事业单位,其内部存在着正式的组织制度,有任务和人员分工。正式组织也是人们研究和关注的重点。非正式组织一般没有确定的内部结构和分工,成员不固定,也没有相对正式的组织制度,它可以是一个独立的团体,如协会、学会、俱乐部,也可以是存在于正式组织中的团体。当人们在实际生活中感觉到有互相结合的需要却又不能在正式组织中使需要获得满足时,就会产生非正式结合的需要。与正式组织以权力、责任来明确成员的地位不同,非正式组织是以人和关系作为维系组织运行的关键。正式组织中的权力依附于职位,有官方色彩;而非正式组织中的权力属于个人,带有个人色彩,因此,非正式组织有自己的核心人物和领袖,有大家共同遵循的观念、价值标准、行为准则和道德规范等。在大学中,有些社团是有名称的,有些社团没有名称;有些社团我们能够识别,有些社团在很大程度上还是无形的。③ 大学生社团在正式得到学校许可成立之前,是存在于学校班级这类正式组织之中的团体;在形

---

① 胡元林,王涛. 高校学生社团社会化功能透析[J]. 教育与职业,2005(9):32-34.
② 林伯海,刘国平. 我国高校社会管理官僚制化倾向初探[J]. 学校党建与思想教育,2006(2):68.
③ 〔美〕埃蒂纳·温格,理查德·麦克德马. 实践社团:学习型组织知识管理指南[M]. 边婧,译. 北京:机械工业出版社,2003:5.

成组织实体之后,大学生社团则是非正式组织中有名有实的独立团体。

大学生社团是公民自治组织。大学生社团本质上是由大学生自发组成的,自主管理、自我发展的学生组织,不是外在力量强制组成的,成员加入具有自愿性,所以大学生社团的生成和发展具有自组织性。大学生自主意识发展水平的提高,为社团自治提供了心理基础。而在管理方式上,社团的自主空间大,与各级团学组织相比,少了必需的行政隶属关系,"民办"性质大于"官办"色彩。大学生社团,不论是其产生还是其开展的活动完全顺应学生的要求,根据学生的意愿自行策划、组织和开展活动,自筹经费,所以,其性质应划归为"民办"。当然,这并不否认大学生社团要受到学校管理部门的约束和扶持,比如大学生社团的活动范围严格限制在校内,否则就必须经过严格的审批,同时其也接受学校的经费资助。

三、大学生社团的属性

大学生社团的成员是在校大学生,而大学和大学生在社会中的特殊属性决定了大学生社团的属性。

(一)自发性

任何社会团体其实都是自发形成的,或是基于社团成员的共同志趣,或是基于社团成员的共同目的或利益。也正是由自发性而产生的主动性,使得社会团体区别于其他社会组织。同样,大学生社团也具备自发性这一特点。

大学生社团都是在学生自愿自发的基础上建立的,不论是中世纪大学的学生同乡会还是今天的大学生社团,都无一例外是由学生自发组织而成的。尤其是随着我国经济社会的不断发展,社会对人才的需求越来越高,大学生自我发展的意识逐渐萌发和觉醒,他们亟须找到一个合适的平台来展现和锻炼。因此,越来越多的大学生寻找与自己兴趣、特长、爱好相同的学生或组织,并自发形成大学生社团。

这种自发组织和自愿参与的属性,很清楚地将大学生社团与其他学生组织区别开来,比如学生会。大学生社团的自发性一般表现在三个方面:一是社团成立的自发性。大学生社团是在大学相关管理部门的许可下,由一群拥有共同的观念、兴趣、爱好的大学生自发组建的,大学生自愿承担社团的发起、组建和运行等工作,其过程是自发的、自主的和自由的,一般没有其他外部因素的影响。二是社团成员加入的自发性。选择加入哪个社团完全由大学生根据自身兴趣与意愿决定,任何一个大学生都可以自主选择加入自己想要参加的社团,尽管社团的加入是有条件的,但个人的意愿是关键。三是社团活动的自发性。大学生社团的活动是社团生命所在,也是扩大社团影响力、吸引新成员的重要途径。一般情况下,在学校许可的范围内,社团开展活动的内容、形式都由社团成员自主决定,有相当的自由度。

自发性特点使得大学生社团从组建之时就拥有与众不同的生命力,这种生命力体现为大学生社团的每个成员都是基于共同的愿景聚集到一起的,这也使得大学生社团的目标明确、协作良好,并得以快速发展。但这种自发性也有一定的副作用,比如,发展过程中过度考虑某些人的需求,使得大学生社团内部渐渐出现分化,原来共同的目标慢慢不能代表所有人的意愿,有可能阻碍社团的发展。

(二)松散性

大学生社团作为一种非正式学生组织,具有结构松散的特点。虽然现在的大学生社团一般都有自己的章程和管理制度,但大学生社团并不完全或者说是不可能用这些规章制度来约束其成员的,社团的管理和凝聚力主要是靠社团成员的兴趣、社团活动的吸引力,还有社团负责人的个人魅力及威信等来支撑的。

就大学生社团的组织来说,社团内部的机构设置一般没有固定模式,或由成员协商决定,或根据社团活动的需要而定。因为大学生社团的章程虽然是基于成员共同意愿基础上的规章,但对社团成员来说,章程并不具有事实上的强制约束力,并且章程和制度一般未被严格要求执行。

就大学生社团的成员来说,大学生加入社团的条件和要求相对于入党、入团和加入学生会组织要简单容易得多,同时社团成员要退出社团也是自由的,因此一般来说,除了骨干分子外,其他成员流动性较大,管理松散,这也是大学生社团发展的一大障碍。

就大学生社团的活动来说,社团活动绝对是以社团成员的爱好和兴趣为基础的,并随着成员的流动而变动。多数大学生社团并没有制定长远的社团发展规划,活动多为短期性的、兴趣性的,较随意。由于对组织的未来发展没有明确的发展规范,因而大学生社团不能有力地吸引成员,也无法使成员保持稳定。

松散性这一特点对于大学生社团来说,或许可以带来组织的灵活性、思想的开放性,但它却是导致大学生社团发展局限性的重要原因之一。

(三)多样性

现代高等教育越来越注重综合能力的培养,强调在尊重学生个性的基础上,促进学生的全面发展与成长,以适应市场经济条件下对复合人才的需求。在这种形势下,以培养兴趣爱好、发展特长、补充课内知识不足为目的的各种各样的大学生社团备受青睐。调查显示,现代大学生中有八成以上参加过一个或多个社团,这足以表明大学生参加社团的普遍性与多样性。

大学生社团的多样性还表现在社团类型和涉及内容方面。现代大学一般规模较大,学科专业齐全,不同专业、不同培养目标、不同文化背景的学生创造出丰富多彩的校园文化,也为社团类型的广泛性奠定了基础。如北京大学和哈佛大学都将大学生社团分为八种类型,涵盖政治、文化、艺术、体育、公益等众多领域,这种多样化的社团类型给大学生提供了满足求知愿望和施展才华的众多选择。同时,由于大学生社团的活动方式、活动主题和活动内容的多样性,使得大学生社团呈现出百花齐放、百家争鸣的繁荣景象。

(四)自主性

大学生社团的自主性主要体现在管理方面,表现为大学生社团对于自身的发展和组织构成具有自主决定权,可以对社团内部的领导和成员进行必要的调整,可以依据章程进行自我管理等。

与大学里的其他学生组织相比,可以说大学生社团拥有相当大的自主权,但它仍然接受大学的统一管理。大学一般对大学生社团只进行宏观管理,社团内部的组织结构、人员安排、活动开展及经费管理等,在指导教师的指导下自主管理。有时候大学会对社团进行检查评比,目的是为了更好地规范社团的组织与活动,激发社团更大的潜力,促进社团更好地发展。所以,大学生社团不同于正式学生组织,也不同于课堂教学,在不违反国家法律和大学规定的前提下,它完全由大学生自己说了算。当然,具有合法的章程是大学生社团具有自主性的另一个前提,也就是说,这种自主性应在章程允许的范围内进行,这也是大学生社团权利和义务关系的具体体现。大学生社团应该接受大学的领导、指导和监督,大学管理者也应该尽力为大学生社团的自主管理提供适当的平台,创造良好的外部条件,进行宏观指导而不进行具体干涉。

但目前来说,大学生社团普遍面临自主性发挥不足的问题,在社团发展的过程中习惯性地向大学管理部门索要支持,忽视了主动寻求自身发展的意愿,导致一些大学生社团失去了自我发展的原动力,失去了应有的生机。

(五)趋同性

对于每个参加社团的大学生而言,他们加入社团的初衷是因为兴趣、爱好相似，并且对某件事情有大致相同的追求，比如，热衷公益活动并有志于从事志愿服务工作、在某种乐器方面有一定的特长并想表现出来。这些在观念、特长方面具有一致性的大学生在社团活动中会表现出极大的参与热情与主动性，并希望在社团活动中愉悦心情、施展才能、提升自我。事实上，这种个人目标的趋同性，使得社团内部自然而然形成了一种凝聚力，吸引了一批批成员不断投身社团中，并由此形成了社团的群体目标与社团宗旨。与其他社会团体相比，大学生社团由于成员的年龄相近、文化背景相似、生活经历相仿，加入同一社团的大学生大多数是志同道合者，故而大学生社团的团体目标有更强的趋同性。

第三章

大学生社团的
价值范畴

按马克思关于价值的主体需求客体理论,作为客体的社团活动、社团文化及由此产生的校园文化,满足了主体——人和人的集合体的需求,这种需求可以从文化、娱乐需求角度来理解,也可以从教育、认识需求角度来理解,还可以从道德、审美需求角度来理解。从这种需求关系上来看,大学生社团的价值属于精神价值。

第一节　社团及其功能

任何组织的产生都是基于一定的历史原因和社会现实的,其构成各不相同,且具有不同的特点和功能,社团亦是如此。分析社团的基本内涵是了解社团结构、特点的基本途径,研究社团的功能则是为研究社团的价值进行铺垫。

一、社团的内涵

社团,顾名思义即社会团体。社团具有悠久的历史。《现代汉语词典》(第 7 版)将"社"解释为:某些集体组织;某些服务性单位;古代把土地神和祭祀土地神的地方、日子、祭礼都叫社;姓。《现代汉语词典》(第 7 版)对"团"的解释为:圆形的;团子;把东西揉弄成球形;成球形的东西;会和在一起;军队的编制单位;青少年的政治性组织;旧时某些地区相当于乡一级的政权机关;用于成团的东西或抽象的事物。《辞海》中有对社团的广义解释,即各种群众性组织的总称,如工会、商会、协会。

理论界对于社团的界定有着不同的解读。英国学者马林诺夫斯基和布朗认为社团"将文化或社会视为有机的统一体,企图阐明每一个构成要素在现实存在的社会或文化中的相互关联和它们在总体中发挥的作用(即功能)"。日本学者认为社团是"在两个以上的成员之间存在着基于共同目标和规范的集体情感,从而在某种程度上使相互作用稳定下来和延续成为可能,并具有组织性的社会单位"[1]。德

---

[1] 〔日〕日本社会学会编辑委员会. 现代社会学入门[M]. 李银河,岳青风,译. 北京:中国社会科学出版社,1987:16.

国学者克里斯蒂安·托姆夏特认为社团"必须有两个或两个以上的人为了追求共同的目标而协同行动。而且,至少有一定的组织结构和稳定性"①。

我国学者王云五在其所编著的《社会科学大辞典》中说:"在社会学中比较常见的用法是,社团系指人们为了追求某种或多种目的而组成的一个团体,譬如工会、商会、社会学会之类。"这是从社团目的的角度来对社团进行定义。王颖等学者认为"社团就是具有某些共同特征的人相聚而成的互益组织"②。这是从社团的功能角度进行界定。而《社会团体登记管理条例》指出:"社会团体是由中国公民自愿组成,为实现会员共同意愿,按照其章程开展活动的非营利性社会组织。"

上述关于社团的不同定义,虽不尽相同,但据此可以归纳出以下社团所共有的特点。

第一,自愿组成。即个人为了保护自己的利益或实现某种愿望而组成社团,个人自愿加入社团。

第二,目标相同。正是因为有相同的目标,成员才会加入社团,并为这一目标努力。

第三,自治性。人们基于共同的利益和愿望而组建社团,社团有明确的章程和运行机制,但社团成员之间是平等的,并不一定需要一个确定的领导,成员可以通过公开选举、民主决策、民主管理等方式实现自治。

第四,非营利性。我国《社会团体登记管理条例》明确规定:"社会团体不得从事营利性经营活动。"当然,"这并不意味着社会团体不能进行任何收费或者赚取利润的活动,只是表示社会团体取得的财产不能够分配给会员,必须用于其目的事业"。

第五,相对独立性。要想使社团充分发挥自身的功能,就必须保证社团能够自治,能充分表达意愿,这需要完备的法律法规作为保障。

二、社团的功能

19世纪,生物学的迅速发展对其他学科领域产生了深远的影响,一些社会学者开始运用生物学理论来研究社会现象,随之产生了功能主义。经过奥古斯特·孔德、赫伯特·斯宾塞、埃米尔·迪尔凯姆等学者的努力,功能主义理论在社会上

① 〔英〕阿米·古特曼. 结社理论与实践[M]. 吴玉章,等,译. 北京:生活·读书·新知三联书店,2006:28.
② 王颖,折晓叶,孙炳耀. 社会中间层[M]. 北京:中国发展出版社,1993:6.

得到了普遍认可。功能主义理论认为,社会就像一个生物体,同样具有结构;社会同生物体一样是一个体系,需要从环境中获取恰当的资源来满足自身的生存和发展需要;要想使体系正常运转,"构成社会的各个组成部分都有增加社会稳定性的功能,才能使整个体系朝着平衡和稳定的方向发展"①。

之后,埃米尔·迪尔凯姆丰富并发展了功能主义理论,认为社会是一个受道德价值观约束的特殊的生物体。塔尔科特·帕森斯则认为一个社会要想保持和谐稳定,须满足"目标的取得、对环境的适应、把各种各样的组成部分结合成为一个整体、控制对广泛接受的规范的违规行为"②四个基本需要,而人们共同遵守的价值观则是社会凝聚力的基础。

一般来说,功能是指效能、功用。社会学家布朗认为功能就是"某一要素位于整体之中且为整体延续所起的作用",马林诺夫斯基则把功能看作"经常满足需要"。不同社会团体具有不同的社会地位,其功能表现也有差异,这些功能既有社团天然具有的,如代表功能、服务功能、协商功能,也有政府职能转变而来的功能,如行业管理功能。本节将借助功能主义研究方法分析社团的功能表现和特点。

(一)聚合功能

社团能将具有共同目标、理想、兴趣、价值的人聚集在一起,形成一股合力,并利用这种合力,帮助成员实现共同的目标或愿景,这就使得社团具有了对内和对外的聚合功能。对内来说,社团成员具有某种同一性,他们会为了共同的目标制定保证社团良好运行的规章制度并自觉遵守,成员的共识性越强,社团的凝聚力就越大。对外来说,人们组成社团的原因之一是希望依靠整体的力量来实现个人利益的最大化。比如,在实现目标和愿景的过程中,无疑会遇到各种矛盾或困难,诸如上级部门的支持力度不大、法律法规不够完善、活动经费不够、各种资源获取途径狭窄。假如这些矛盾或困难由单个成员解决会显得势单力薄,而社团会将成员的想法、建议和利益诉求凝聚在一起,对亟待改善的现状提出改进的建议,则可以促使社团内部制定措施改进现状,保证社团的正常运行和良好发展,从而也保证了成员自身的利益。

(二)教育功能

"教育功能就是作为社会组成部分的教育在社会运行、发展过程中所产生的

---

① 〔美〕戴维波普诺. 社会学[M]. 刘云德,王戈,译. 沈阳:辽宁人民出版社,1988:171.
② 〔美〕戴维波普诺. 社会学[M]. 刘云德,王戈,译. 沈阳:辽宁人民出版社,1988:17.

一切作用或影响,这种作用或影响是一种能切实观察到的客观结果,而不是人的主观愿望。"①社团组织的活动可以丰富成员的知识,提高成员的基本技能,促使其自主学习和自我教育,这是社团最基本的功能。社团的教育功能因为社团的类型和组织活动的不同,使得对成员的教育内容也有所不同,如文学社团侧重于提高成员的文学素养,篮球、足球等体育竞技类社团侧重于提高成员的体育竞技水平。在社团中成员不仅可以学到知识和技能,还可以通过和其他成员的交流、合作,获得心理上的归属感,学习社交技巧和发展人际关系,促进人的社会化程度。可见,社团对人的社会化发展及专业化发展有着重要的作用。

(三)服务功能

社团具有服务社团成员的功能,这是其最原始、最首要的功能。社团成员是构成社团的基本单位,社团的凝聚力强弱、生存与否及发展程度都取决于成员,因此社团只有为成员着想、为成员服务、为成员谋得利益,才能得到成员的信任,才能激发成员的积极性,失去这个功能,社团将成为无水之源,难以为继。另一方面,如果社团很好地服务了成员,满足了成员的需要和期望,将会获得成员进一步的认同,这又成为社团持续发展的动力。社团除了服务于社团成员外,也为社会服务。很多社团不仅仅局限于自我愿望的满足,还力求为社会和他人带来帮助,具有公益性,这也是由其宗旨决定的。

(四)自治功能

社团具有依据法律法规和社团章程进行自治的功能。自治是相对于他治而言的,来自社团外部的管理和监督属于他治,具有强制性。社团的自治行为主要通过共识和互动形成章程和规范,并据此来约束和管理自己的行为。除了法律法规的他治和规章制度的自治外,社会道德标准和服务标准也常被社团用来规范组织行为,社团的高度自治对民主自治社会的形成和发展无疑会起到积极作用。自治能有效避免组织之间无谓的冲突,有利于形成公平、有序的环境,既能维护社团的根本利益,又能推动行业和社会的良性发展。"与国家的进入相比,社会成员更乐意接受团体的自我管制。"②自治不仅能使社团健康成长,还有助于提高社会的民主水平、维护社会的稳定和谐。

---

① 王等等. 教育功能观概述[J]. 西北成人教育学报,2006(3):32-33.
② 张静. 法团主义[M]. 北京:中国社会科学出版社,1998:122-123.

第二节　大学生社团的价值关系

对价值关系的研究是研究一切价值问题的基础,而研究价值关系要从价值的内涵开始,即明确价值的内涵是什么,大学生社团价值的内涵是什么。在此基础上,再从价值主体、价值客体及主客体间的关系角度来分析大学生社团的价值关系。

一、大学生社团的价值内涵

在研究讨论大学生社团的价值时,经常提到的是"大学生社团的价值是什么""这次社团活动很有价值",等等。实际上,这里提到的"价值"的意义就是从哲学层面对价值的理解,即对大学生社团意义、作用的判断与描述。当然,在研究大学生社团的内涵之前,首先有必要分析一下价值的内涵。

(一)价值内涵

克里夫·贝克说:"我相信每一个人都可以探索价值问题,因为价值就发生在每个人的日常生活之中。"①面对"价值"这个在日常生活与学术语言中常常出现的词语,我们不禁会思考:价值到底是什么? 凡事都有价值吗? 大家谈论的"价值"是一个意思吗?

从词源角度来探索一个词语的含义,是理解这个词语的重要途径。一方面,从西文词源上追溯,"价值"一词在英语中是 value,在法语中是 valeur,在德语中是 wert,这些词与古代梵文 wer(护栏、掩盖、保护)、wal(围墙、掩盖、加固)和拉丁文 vallum(堤)、vallo(用堤护住、加固、保护)有较大渊源,后来在这些词义基础上,"价值"又派生出"尊敬、敬仰、喜爱"等意思。现在通常将"价值"理解为"珍贵的、尊重的、重视的"。"价值"一词的肯定意义与日常用语中的"好"极为相似。而"好"则有更广泛的含义,人们经常在表达"是与非""对与错""优与劣""美与丑""善与恶"等时,将褒义的一面称为"好",也代表着对于表达者来说,"好"的一面是"可珍贵的、可尊重的",反之贬义的一面则称为"坏"。因此,"好"与"坏"在日常用

---

① 〔加〕克里夫·贝克. 学会过美好生活——人的价值世界[M]. 詹万生,等,译. 北京:中央编译出版社,1997:8-9.

语中已成为一个具有普遍意义的抽象概念,同理,"价值"也往往具备这些词语要表达的基本内涵,也是它们中抽象出来的共同名称。从这方面对"价值"的理解多是哲学层面上的。

另一方面,《说文解字》对"价"和"值"的解释分别是这样:"贾,物直也";"值,措也"①。"'价'始指场所,引申为卖者之所得,买者之所出;'值'是持有,后引申为'相当'。从这个意义上来理解,'价值'实际上是指物品在比较、交换的过程中体现出的'相当''不相当',反映的是物的功用性。"②这里理解的"价值"有经济学层面的意思,也有社会学层面的意思。

时到今日,经过漫长的历史演变,"价值"一词已广泛应用于不同学科、不同领域甚至不同语境之下,而其最广泛的价值内涵,其实也就是"好与坏""有用与无用""意义与作用"等。前文也说过,价值就是客体满足主体需要的关系,客体对主体的价值大小与其满足程度相关。日常生活中常说到某事或某物有"价值",实际也就是说某事或某物"好";说到某事或某物对某人有"价值"时,实际也就是说某事或某物对某人"有意义""有用"。这些日常约定的价值内涵在本质上都是对事物意义、作用的判断与描述,与哲学上对价值内涵的理解有一定的相似之处,因此,日常人们对价值的普遍理解都已形成这样的共识。

(二)大学生社团的价值内涵

关于大学生社团的价值内涵界定,学术界也存在不同的声音,有属性说、关系说、意义说等,但无论何种学说,其实质都是研究大学生加入社团并参与社团活动的作用、意义和对自身的影响,等等。大学生社团之所以存在和大学生社团活动之所以开展,是因大学生的某种愿望、目的或需要使然,大学生社团之所以具有某种功能、作用、意义,是因为大学生通过社团活动,感受到了某种愿望、目的或需要的满足。大学生社团的价值,实际上是大学生依据自身需要进行选择、追求的结果。

大学生社团的价值是指大学生社团价值客体能满足大学生社团价值主体特定的愿望、目的或需要。这种特定关系是在大学生社团活动中形成的,是大学生社团发展的必然产物,这种关系表现为大学生社团的存在及其性质与大学生的愿望、目的或需要等相一致、相适应、相接近,表现为大学生社团活动对大学生具有

---

① 段玉裁. 说文解字注[M]. 上海:上海古籍出版社,1988:281.

② 魏宏聚. 何为价值——价值教育中价值内涵、特征与分类辨析[J]. 教育理论与实践,2013
(19):8-11.

了或产生了某种功能、作用、意义和影响。

二、大学生社团的价值关系

基于一般价值的含义,本书将大学生社团的价值解释为:作为主体的人与作为客体的社团活动及因活动产生的社团文化和校园文化间的关系,以及作为客体的社团活动、文化是否满足主体人的需要。具体包括以下内容:大学生社团的价值主体是人;大学生社团的价值主体是具有社会性的个人、组织、团体或人的总体;人的需要是大学生社团价值产生的主体根据;大学生社团的价值客体是社团活动及因活动产生的社团文化和校园文化;大学生社团的价值客体必须满足主体的需要才有存在的价值。在主客体的价值关系中,作为客体的社团活动、社团文化及由此产生的校园文化,满足了作为主体的个人和个人集合体的需求。这种需求体现在多个方面,有文化、娱乐方面的需求,有教育、认知方面的需求,还有道德、审美方面的需求,等等。

(一)大学生社团的价值主体

从大学内部来看,大学生社团是大学生自发组织的团体,大学生理所当然是大学生社团的价值主体。但大学生社团作为大学里的一种学生组织,必然会接受大学管理者和教师的管理、指导。从大学外部来看,大学生社团作为一种青年组织,对国家、社会都产生了一定影响和作用。因此,大学生社团的价值主体是多元的,在微观上其包括大学生、教师和大学管理者(这些是个人),在宏观上其还包括国家、社会和大学(这些是个人的集合体)。不同的价值主体具有不同的需求。

首先,大学生是大学生社团最重要的价值主体。作为大学生社团的举办者、组织者、管理者、参与者,大学生是大学生社团的主人,是大学生社团首当其冲的价值主体。加入大学生社团是大学生带有自己价值追求的个人选择,因此,他们会尽可能利用大学生社团的资源来满足个人的需求,实现自己加入社团的初衷。与此同时,大学生也会按自己想法来改变大学生社团的一些活动,以更好地满足自己的需求。

大学生分大学生群体和个体。对于大学生群体来说,生理需求(基本物质条件)得到满足的大学生,加入大学生社团是为了兴趣和爱好。对于他们来说,首先,大学生社团应该是一个能提供安全感的地方,社团的存在应该是合理合法的,社团成员在其中能感受到舒适和安全。其次,大学生社团应该是一个能给大学生归属感的团体,成员在其中能感觉到被需要,能满足大学生建立良好人际关系并从中得到激励的需求。再次,大学生社团应该能让大学生的特长得到发挥、梦想得到实现、成绩得到认可与尊重。虽然大多数大学生的需求是如此,但对于大学生个体来说,由于每个人价值观念与成长环境的差别,他们的需求是不尽相同的。

其次,大学管理者和教师也是大学生社团的价值主体之一。大学管理者代表学校对大学生社团进行宏观管理,教师对大学生社团进行业务指导。宏观管理大学生社团的管理人员,代表了学校的主流价值观,并将大学生社团的宏观发展方向指向学校所预期的、能满足学校立德树人和文化建设需要的方向,大学生社团活动及其产生的社团文化也需要满足大学的需求。大学生社团的指导教师一般是从专业化的角度对其进行具体的指导,他们会关心活动成功与否、取得的效果如何、大学生是否受益,大学生社团活动的成功也是他们的成就,有价值的大学生社团活动满足了他们指导大学生社团的事业需求。

对于大学管理者和教师来说,他们对大学生社团的关注点与大学生的关注点有所不同。他们首先考虑到的是大学生社团要健康有序,社团的成立和各项活动要严格遵守国家的法律、法规、政策及学校的规章制度,要有保证大学良好运行的秩序。其次是希望大学生社团涵盖内容广泛,能吸引更多的学生加入社团,社团活动多彩多样,有利于推进素质教育和丰富校园文化。此外,还要考虑大学生在社团中能获得的帮助,对大学生毫无意义的社团也是难以生存下去的。

再次,大学作为无数人的集合体,也是大学生社团的主体之一。大学的历史、文化、氛围影响着大学生社团的存在与发展,同时大学也需要大学生社团带来的多样文化。生活在大学里的师生员工,与大学的历史共存,受大学的文化浸润,时刻感受着大学的文化氛围,早已与大学融为一体,他们对大学文化的需求也是大学对文化的需求,在某种程度上,大学生社团满足了师生员工对大学文化的需求,也就是满足了大学对文化的需求。

对于大学来说,其首先考虑的是包括大学生社团在内的育人方向不能偏离国家的教育方针,我国高等学校在党的领导下培养社会主义建设者和接班人这一点是不可动摇的。其次,大学也要考虑大学生社团对人才培养的作用与影响。大学生社团的发展目标更多的是基于个人的自由选择,若有利于学校人才培养目标的实现,大学会大力支持;不利于学校人才培养目标实现的大学生社团是难以生存的。

大学生、大学管理者、教师和大学作为大学生社团的价值主体,他们之间是相互依存、相互影响的,对大学生社团的需求是不同的,受大学生社团的价值影响程度也是不同的。而大学生是大学生社团最重要的价值主体,他们的需求及需求是否得到满足直接影响大学生社团的存在、发展与价值目标的实现。

虽然从更广泛的意义上来说,社会、国家也与大学生社团有某种利益联系,也可以算作大学生社团的价值主体,但本书主要针对大学校园之内的主体,故在此不进行深入的探讨。

(二)大学生社团的价值客体

大学生社团的价值客体就是大学生社团活动及其因活动产生的社团文化和校园文化。大学生社团的价值客体是客观存在并能满足价值主体的需要的。事实上,不论是在什么时期,只要大学生社团存在,就必然会开展社团活动。社团活动的内容、形式多种多样,一般是由社团成员自主组织的自由活动,社团文化与之相伴而生。当然,大学生社团的自由活动也不是无边界的无限自由,它是在法律规定框架内的自由,对于大学生来说,不仅要遵守法律、法规和大学生社团自身的章程,还需要服从大学管理者的领导和管理。大学生社团活动所要遵守的法律、法规主要包括《宪法》《教育法》《高等教育法》《社会团体登记管理条例》《普通高校学生管理规定》《高校学生社团管理暂行办法》以及大学生社团自己拟定的社团章程。

一般来说,根据不同价值主体的需要,大学生社团活动的开展主要有两种形式。一种是自下而上的,即大学生根据自身的兴趣爱好和成长需要而在大学生社团中开展的自我组织、自我参与和自我评价的活动,体现了大学生社团活动的自发性、自主性和自治性。大学生社团活动能满足多元价值主体的需求,具有一定的功能:①育人功能。大学生社团的育人功能是显而易见的,是大学人才培养体系中不可缺少的一环。大学生社团的活动及其文化影响了大学生的价值判断,发展了大学生的兴趣爱好,培养了大学生的团队精神,促进了大学培养全面发展的人。②繁荣校园文化功能。丰富多彩的大学生社团活动既吸引人又影响人,无形中塑造着校园文化。可以说,一所大学的大学生社团的建设水平,能代表大学校园文化建设的程度和水平,甚至可以体现这所大学的整体实力。③服务社会功能。大学生社团是大学生联系社会的一个平台,现在许多社团活动已不局限于校内,他们通过知识宣讲、志愿服务、义务支教、文体交流等形式,将社团活动的范围扩大到了校外,如社区、福利院、山区学校,帮助了很多有需要的人。这种走出校园的大学生社团活动,不仅对大学生有帮助,还有助于增进社会对大学和大学生的了解及认同。大学生社团架起了大学与社会之间的"桥梁",起到了服务社会的作用。

大学生社团活动开展的另一种形式是自上而下的,是在学校社团管理部门的指导或要求下,以完成某种必需的教育引导任务而开展的大学生社团活动,比如,

《高校学生社团管理暂行办法》明确规定"高校学生社团的基本任务是：遵循和贯彻党的教育方针，坚持立德树人的基本导向，团结和凝聚广大同学，按照自愿、自主、自发原则，善用网络技术和新媒体，开展主题鲜明、健康有益、丰富多彩的线上和线下课外活动，繁荣校园文化，培养同学的社会责任感、创新精神和实践能力，提升同学综合素质，促进同学成长成才。"

当然，这些大学生社团价值客体功能和作用的发挥都需要价值主体，尤其是大学生这一主体的参与。作为价值客体，不管哪种形式的大学生社团活动，都体现了大学生社团活动目的的多样性，也彰显了大学生社团活动效果的综合性，都是满足了一定价值主体的需求才得以开展的，不存在脱离价值主体的价值客体。

(三)大学生社团的价值关系

在大学生社团的活动中，不同主体的需要与利益追求是不同的，主体多样化的需要与主体为满足自身需要而对大学生社团活动实施的不同影响构成了一个复杂的问题。在大学生社团活动中，价值主体在其需求得不到满足或者其既得利益受到损失的时候，势必想要改变现状，以使得活动满足自身的需求。所以，表面上看，这是利益主体的需求与大学生社团活动的关系，其实质则是不同价值主体需求之间的关系问题。大学生社团的价值关系正是在大学生社团问题的形成和解决过程中，因大学生社团的价值主体相互作用而形成的，不同的价值主体为了达到自身的目标相互之间构成了不同的价值关系。

大学生社团价值主体与价值客体间的关系，可以从两个方面来理解。一是大学生社团的价值客体对价值主体需要的满足，这是大学生社团的价值最基本的内容，是大学生社团的价值最直接的体现，表明了大学生社团的价值客体对价值主体需要满足的事实。大学生社团的活动、文化及由此产生的校园文化作为大学生社团的价值客体，与价值主体之间存在互相影响和改造的关系，即已形成的社团文化会影响价值主体的价值选择和取向，与此同时价值主体又会按自己的想法对社团活动加以改造，会影响原有的社团文化或慢慢形成新的社团文化。在价值主体最初选择大学生社团的时候，其实就已经认同或部分认同大学生社团的现有活动和文化，并大体知晓作为价值客体的大学生社团活动能满足价值主体的需要。这种初始选择反映了大学生的价值取向，也为大学生社团赋予了一定的价值目标。大学生社团对价值主体需要的满足，首先是把价值主体的需要活动化，其次是将已经活动化了的价值主体需要现实化，也就是将大学生社团的价值目标赋予价值主体，通过大学生社团活动实现价值目标。二是大学生社团的价值主体影响着价值客体。价值客体对价值主体需要满足的现实状态是暂时的,而价值主体总会根据对环境、大学教育和自身发展趋势的预测,对大学生社团进一步提出要求或希望。正是这种要求或希望,促使价值客体在不断满足大学生社团价值主体需要的同时,自身也不断地调整和变化,以适应价值主体的变化和价值主体的需要变化。

第三节　大学生社团的主要价值追求

不同的主体有不同的思维方式,对价值有不同的理解,不同的客体所体现的价值形态是不一样的,因此,价值可以划分为不同的类型。从整体上看,大学生社团的价值追求属于精神价值范畴,具体而言,它又有娱乐价值、教育价值和审美价值等。

一、价值的类型

以不同的方式和角度去划分和归纳价值类型,就会有不同的结果。例如,美国学者培里曾把人类生活的价值概括为八个领域:道德、宗教、艺术、科学、经济、政治、法律和习俗;舍勒尔主张,可以把价值从低级到高级分为感觉价值、生命价值、精神价值、宗教价值等;有的哲学家提出,各种价值可分为两大类——目的价值与手段(工具)价值;当代心理学家马斯洛提出了人的"需求层次说",主张按需要的层次来划分价值,并排列它们的等级。这些不同的划分方式体现了不同的思维方式和对价值本质的不同理解。

李德顺根据价值的主客体关系理论,认为现实的价值必然是由三个因素构成并确定的,即价值客体、价值主体和价值内容。一般来说,一个完整的价值判断,必须是明确地或暗示地包含这三个方面的要素,其完整的表述为"××的××价值"。根据这三个方面的内容,通常可以从客体方面和从主体方面将各种价值进行划分。

从客体方面来划分,即根据价值关系中客体的类型来概括价值来源、提供者,其常见的表述形式是"××的价值"。用这种方法归纳出来的基本价值类型有物的价值、精神文化现象的价值和人的价值三大系列,每一系列还可以就每一具体的客体进行更为详细的分类。但这种划分实际上并不能真正地确定或指明具体的价值,只是确定了考察的对象——价值客体,至于这一客体的价值是什么,实际上并不是确定的。例如,"椅子的价值"并不等于"可做家具"。事实上,椅子在与人的关系中还有其他可能的价值,如艺术品、礼物。如前所述,"某一客体对于主体的价值,必然依主体的情况而表现出多元化的个性、多维性和时效性等特征,从而具有无限多的可能"①。所以,"××的价值"一般不宜作为一种特定的价值类型来使用。

从主体方面来划分,是以主体和主体需要的性质及其被满足的情况来标识对象的价值,通常的表述形式是"(某事物具有)××价值"。这个术语所表达的含义是,满足了主体某一方面("××")需要所形成的价值。例如,物质价值是指满足了主体物质需要所形成的价值;科学价值是指在科学上或对于科学的发展所具有的价值;文化价值是指满足人在文化发展方面的需要;实践价值是指对于实践或在实践上的意义;等等。由于价值本身是以主体尺度为标准和界限的,同一客体可以有不同的价值,不同的客体也可能对主体形成相同的价值。所以,只有依主体的尺度来划分价值的类型,才能较准确地界定和区分具体的价值类型。

从主体方面划分价值类型也存在多种角度。比如,依据主体的形态和层次,价值可分为个人价值、群体价值、社会价值等;依据满足主体需要的性质,价值可分为满足主体的各种物质需要的物质价值、满足各种精神需要的精神价值等;依据人生活的不同领域,价值还可以分为经济价值、政治价值、道德价值等;依据所满足的需要在主体活动中的性质和地位,也常将价值分为目的价值和手段价值;依据每种价值满足主体需要的现实性和程度,则可划分为正价值和负价值、高价值和低价值、潜在价值和现实价值、真实价值和虚假价值等。本书主要从主体方面根据价值满足主体需要的性质讨论物质价值和精神价值。

(一)物质价值

物质价值是指人的物质需要的满足。经济利益、物质生产、生理维系、生态条件及社会人身体保障等方面的价值都属于这一类。李连科认为"物质价值以客体是天然的自然还是人化的自然区分为自然价值与经济价值"②,物质价值分为物质消费价值和物质生产价值,"满足人的物质生活和消费需要的价值,叫作物质消费价值;而满足物质生活资料生产需要的价值,则叫作物质生产价值"③。

---

① 李德顺. 价值论(第 2 版)[M]. 北京:中国人民大学出版社,2007:121.

② 李连科. 价值哲学引论[M]. 北京:商务印书馆,1999:192.

③ 李德顺. 价值论(第 2 版)[M]. 北京:中国人民大学出版社,2007:134.

1. 自然价值和经济价值

自然价值也可以叫"自然界的物质价值"。从满足人类需要的角度来讲,大自然对人类的一切恩赐都是自然价值,只不过自然价值往往来得太容易,人们体会不到它的宝贵。其实,自然价值是不可或缺的价值。试想一下,如果没有水和阳光,人将怎样生存? 这些被认为理所当然的存在,长期以来并没有受到人类应有的重视,直到由于生态平衡被破坏而使生态问题被提到议事日程上来以后,自然价值才凸显出来。用哲学的眼光看待生态问题,生态问题就成了自然环境同人的生存和发展的关系问题,其中也包括价值问题。生态问题包含价值问题,这是不依任何人的意志为转移的客观存在。

在物质价值中,除了自然价值就是经济价值。哲学意义上的经济价值,是指作为主体的人和社会,在改造自然界的实践活动中所创造的能满足人的衣、食、住、行、用等物质需要的价值,也可以理解为主体(人和社会)改造客体(自然界)以满足其物质生活需要。由于经济价值是主体创造的,所以它与自然价值明显区分开了;又由于它满足了主体的物质需要,所以又与精神价值区分开了。如果说价值是客体与主体需要的关系,那么,物质价值的经济价值就是指作为客体的自然界与作为主体的物质需要的关系。然而,这种价值与自然价值的根本不同在于,它不是自然恩赐的,而是通过主体的对象性的实践活动索取的。

经济价值在马克思主义价值体系中处于基础地位。没有自然价值,人就不能生存;没有经济价值,人就不能作为社会存在物而得到发展;没有经济价值,人只能退回生物界,精神价值或是人本身的价值更无从谈起。

2. 物质消费价值和物质生产价值

从总体上看,物质消费价值和物质生产价值有目的和手段之分。物质生活资料的消费作为主体本身生存和发展的内容,具有目的的性质,比如我们把满足人民群众日益增长的物质和文化需要作为生产的目的。在实际生活中,消费和生产不仅互为前提和条件,可以互相转化,还往往互为目的。

当然,从价值论的角度区分物质消费价值和物质生产价值具有重要的方法论意义,可以启发人们深入、全面地理解物质价值,避免出现片面强调一个而忽视另一个的问题。有时候人们一提起物质价值,就想到满足人们物质生活的需要,指的是物质享受,而忘记了作为前提的物质生产,这种片面追求物质消费和享受的倾向必然造成消费和生产的对立。也有些时候,人们单单只注重物质生产,以为只要使生产发展得快就能达到目的,而造成盲目扩大基本建设和不顾社会效益、破坏环境和浪费资源的倾向,最终也势必破坏生产和生活的平衡。

物质价值不等于物质消费价值,它是物质消费价值和物质生产价值的统一,是满足人的消费需要和生产需要的统一。它们的统一与和谐,表现为二者的相互转化和相互促进,并形成一种良性的循环。

(二)精神价值

人们对精神财富的占有和享用、满足各种精神需要,本身就是人在精神上的一种自我实现和确认,可称为"精神享受价值"。然而,人的精神生活也如同物质生活一样,需要不断地再生产和扩大再生产,因此也需要对精神产品进行储存、传播和创造,这类精神活动现象及其物化形成,就叫"精神生产价值"。

与物质生产和物质消费相比,精神生产和享受的界限更为模糊和不易区分,每种精神产品的享用都会带来新的精神状态和后继产品,精神享受的过程也是精神生产的后加工过程。与此同时,精神生产还具有不可重复性,每一次精神生产所产生的精神产品都是新的,都是独一无二的。精神生产的这两个特点,造成了精神价值的不可分性和动态性,每一种精神价值既是精神享受价值也是精神生产价值。按这种理解,根据实现精神价值的活动形式和精神价值的内容特征可以将精神价值划分为娱乐价值、教育价值、道德价值和审美价值。

1. 娱乐价值

娱乐是享受精神产品、满足精神需要的一种主要形式。因为主要享受精神产品,所以娱乐价值主要是精神享受价值。但在娱乐的过程中,包括娱乐之前、之后,主体也能从中增加对自己、他人和社会的了解,也能产生新的情绪、态度、想法甚至信念。因此,在精神享受的同时,娱乐也具有一定的精神生产价值。

2. 教育价值

教育是典型的精神再生产的过程,教育对精神产品进行储存、传播和再生产,并反复循环。不论是正规还是非正规教育,也不论是自然科学还是人文社会科学教育,对于受教育者来说,都是已有精神产品再加工的过程。因此,对于受教育者而言,这一精神产品的享用与再生产过程,就是体现精神享受价值和精神生产价值的教育价值。好的教育价值能使教育的双方得到精神上的愉悦。

3. 道德价值

道德价值通常与人们的社会行为相关联,一般是指满足了人们对社会伦理关系的需要、社会公认的道德标准规范得到了体现的价值行为,这种行为不仅满足了人们一定的精神需求,还在精神上对人们产生一定的影响。在这种影响过程中,社会道德规范的形成、传播及可能的更新就是道德领域的精神生产过程。如果把一定道德的精神需要得到满足叫作道德的精神享受的话,那么道德价值也正是道德上的精神享受价值和精神生产价值的统一。道德规范的生产和道德需要的满足之间的平衡、同步和相对稳定的关系,使得道德的精神生产价值和精神享受价值处于大致相同的地位。

4. 审美价值

人们在审美活动过程中产生的对美的享受就是审美价值。在这个过程中,主体满足了对美的享受需求,也会对美提出新的见解,这同样是精神享受价值和精神生产价值的统一。审美价值的精神享受价值体现为审美活动的成果,其精神生产价值则表现为人的审美能力的提高。由于审美的可感性和时效性都特别强,所以人们随时随地可以进行审美,也可以随时随地得到美的满足。当然,审美的精神享受作为需要总是在前,随后才可能是精神生产,而最后又由审美的精神享受结束每一次审美活动。

二、大学生社团的价值追求

大学生社团是大学生自发形成的社会团体,通过开展一些大学生喜闻乐见的活动,既活跃了校园文化氛围,又通过这些活动促进了大学生的发展。大学生社团通常根据大学生的需求而开展一些具有娱乐、教育意义的活动,在满足大学生直接精神需求的同时,还对校园文化建设有很大的促进作用。作为大学生社团价值关系的客体——社团活动、社团文化及由此产生的校园文化,满足了作为主体的个人和个人集合体的某种需求,这种需求多数是精神层面的。

一方面,大学生在参与社团活动的时候,会在活动中得到一些满足。比如参加舞蹈协会的同学会在社团活动中享受到舞蹈带来的乐趣,参加数学建模协会的同学通过在社团中的学习使知识得到增长……这些满足是一种精神上的享用和占有,能满足主体人的精神需求,也可以看作大学生社团的精神享受价值。另一方面,社团在一届又一届大学生中延续,大学生组织了一次又一次社团活动,社团文化也在这一次次活动中得到发展,大学生通过参加社团活动不仅得到了精神上的满足,还对社团文化进行了延伸。这种社团文化的创造与再创造,就可以看作大学生社团的精神生产价值。大学生社团的具体价值追求主要有以下几种。

(一)大学生社团的娱乐价值

大学生社团的娱乐价值主要体现为大学生社团的价值客体满足了价值主体的娱乐需求。在大学生社团主客体发生关系的过程中,价值主体享受了一些义务以外的精神需求,获得了身心上的愉悦,丰富了课余生活,这些构成大学生社团的娱乐价值。其实,不论是哪个时期的大学生,其在最初加入大学生社团、参加社团活动的时候,想法大都较为简单,无非是充实课外生活,多认识几个朋友,大家在一起玩一玩、笑一笑,轻松一下。大学生社团活动在发展人际关系、愉悦身心方面确实能满足大学生的需求,因此它的娱乐价值得到了很好的体现。

【案例 3-1】

话剧社里的欢乐①

启浪话剧社是 H 大学规模最大的社团,成立于 2003 年 7 月,现拥有固定成员 200 多人。启浪话剧社坚持走原创路线,每年定期推出两到三部大型话剧和若干部学演剧,作品质量较高,拥有一群忠实的学生粉丝,甚至还有一些教师也经常观看。在几代启浪人的努力下,自 2005 年,话剧社连年获得学校"优秀社团""十佳社团""五星社团"等荣誉称号。2007 年,在第一届武汉市高校话剧节中,启浪话剧社的参赛作品《长大》获得了银奖,主演张龙获得"最佳表演奖"。2009 年,原创作品《海棠依旧》获得第二届武汉市高校话剧节银奖,同时还获得两项"最佳表演奖"和一项"编剧奖"。以理工科为主的 H 大学并没有表演或与之相关的院系,却何以有那么多同学热衷于话剧呢? 带着这个疑问,笔者访谈了十几名启浪话剧社的成员。

学艺术设计的小高是一个眉清目秀的女孩子,身形气质俱佳。交谈后得知,她在中学时期就对表演感兴趣,当在美术与表演之间选择的时候,她听从了家长的意见,选择了与美术相关的设计专业。上大学之后,在社团招新时她一下就被启浪话剧社的海报吸引了。那是一幅启浪话剧社原创作品《海棠依旧》的剧照,小高觉得海棠树下那清丽女子的侧影,仿佛就是她的。进入话剧社后,小高凭借自己的外形条件和对表演的领悟力,在经过短期的培训后,很快就成为话剧社的主力,并在第二年春天话剧社复演《海棠依旧》时担纲主演女一号。一年后,由于她对话剧社的热爱和付出,社员们一致推选她为下一届会长。她从台前慢慢转到幕后,学会了导演、剧务和培训新社员等工作。在话剧社里,与小高一样在进大学前

---

① 摘自笔者 2012 年在 H 大学的访谈记录。

就有表演兴趣的人有许多,经过培训后,他们当中能达到演出要求的只要有机会就上台演出,不论是大戏还是学演戏,不论是主角还是龙套,总算圆了他们的演员梦。

　　来自通信专业的小林,进入话剧社之前既没有表演特长也没有表演兴趣,对话剧的了解仅限于老舍的《茶馆》。在热闹的招新现场,他看到有很多女同学报名参加,于是他脑门一热就和同学一起报名了。在面试时,老社员问他对话剧有什么看法?他说没有。有什么表演特长?没有。有文字功底吗?没有。老社员问,什么都不会的话那来干什么?他一时愣了,想到拍电影时好像有个打灯光的,就说:"我个儿高,能打灯。"面试的同学哄堂大笑,他也就被录取了。后来,他在社团里真的从打灯光开始学习(不过其实现在舞台的灯光控制根本就不在乎身高),很快,他就能独立完成灯光控制了。后来他又学习了音响、剧务和演员现场管理,偶尔还上台"龙套"路人甲,成了话剧社的骨干力量、重要的幕后人员。他说:"别人只看到舞台上演员们光鲜地表演,只有我知道他们背地里流下了多少汗水,有多少付出才有多少回报!我也知道为了他们在舞台上的光彩夺目,有许多人在背后默默付出。话剧社不仅教会了我关于话剧的知识,更让我明白了世间的许多道理。夸张地说,我感觉自己有内涵、有深度了。"话剧社里有许多同学的情况与小林很相似,他们并无表演天赋,也没有机会上台表演(一部戏最多也就二十几个演员),多半是在做一些幕后工作,如编剧、导演、场务以及诸多杂事,但他们依然无比地热爱着自己的社团。许多人都和小林的感想一样,认为话剧社教会他们很多,有关于人生的、关于朋友的、关于人际的、关于文学的、关于艺术的,等等。

　　小高和小林在话剧社的发展代表了社团中有特长和无特长同学的发展经历。有特长的小高从一开始就抱着明确的目的进入话剧社——学习表演并演出,娱乐他人也愉悦自我。她的这些需求在话剧社都得到了满足,话剧社的娱乐价值得以体现。也有很多与小林相似的同学,他们在进入话剧社前没有明确的目的,也许是想着好玩儿凑个热闹、丰富一下课余生活、娱乐生活而已。但在参与的过程中,他们真正丰富了课余生活,获得了快乐,还有一些自己都意想不到的收获,话剧社体现了大学生社团的娱乐价值所在。

(二)大学生社团的教育价值

　　大学是大学生学习、成长、发展的重要场所。大学生在大学里,无论是思想道德的提升、个人修养的形成,还是学业水平的进步、个人能力的提高,不仅需要第一课堂教育的长期积累,更需要第二课堂教育的紧密配合。而大学生社团在大学

第二课堂中占据不可或缺的地位,活跃了校园文化氛围,促进了学生的全面发展,发挥了文化育人的重要作用。大学生的全面发展不单单体现为德、智、体、美、劳等方面的发展,更表现为拥有积极向上的人生态度、谦虚好学的学习态度、创造的激情和强烈的社会责任感。虽然上述这些在平时的专业教育中也可以得到培养,但更多的是在社会实践和社会服务中体验与创造,而大学生社团恰恰是提供这些社会实践与社会服务的极佳平台。

教育价值自古就有。人类社会的发展,取决于生产力的发展,更离不开知识的发展,而知识大多数是通过教育来进行储存、传播和再生产的。培根说过,知识就是力量。随着社会的发展,科学文化知识的价值越来越大。实际上,一个国家发达与否及发达程度,也在极大程度上取决于科技和知识的发展程度。人类只有通过知识的不断丰富、科学技术的不断发展,并将它们尽快运用到生产过程和社会生活中去,才能获得进步。当然,不只是自然科学知识才有价值,社会科学知识也同样具有价值。对被教育者来说,接受这些知识并占有和享用,就是社会精神产品生产的过程。

如前文对教育价值的解释,大学生社团的教育价值主要体现为大学生社团的价值客体满足了价值主体的教育需求,在主客体发生关系的过程中,价值主体认识到了一些事实,获取了一些信息,学到了一些技能,这些都构成大学生社团的教育价值。大学生正处于求知欲最强烈的时期,专业、特长、爱好、人际交往等方面需要学习的内容有很多。当前的本科教育无法让大学生掌握所有的专业知识,只能让他们了解基础知识和基本方法,以为继续升学深造和就业打好基础。因此,一些本科阶段的大学生,想要更多地广泛猎取各种知识,在多样化的学习和活动中,找到属于自己的处世方式和行为模式,树立正确的价值观,拥有健康的生活、学习态度,而大学生社团的教育价值恰好能满足大学生的这种需求。

【案例3-2】

一路艰辛,一路收获

——法学社的光辉岁月①

北京师范大学法学社成立于2002年9月10日,隶属于北京师范大学团委。北京师范大学法学社有着规范的章程制度、人性化的管理,并在品牌建设上有着

---

① 闫红. 将"推窗"行动进行到底——访法学社社长林宇翔[EB/OL]. http://news.bnu.edu.cn/bsrw/ssxz/11759.htm.

突出的成绩。2005 年,在法学院的领导下承办了北京师范大学首届法律文化节,与中央电视台《法治在线》节目合办"12.4"普法晚会,获得了巨大成功,中青在线、CCTV.com、中国普法网、腾讯教育、北京共青团等媒体对此都进行了报道。2006 年,法学社将品牌活动模拟法庭推陈出新,与北京大学、中国人民大学、中国政法大学一起合办了第二届首都高校联合模拟法庭,在北京地区取得良好反响。同时还与 PRED 学社举办了北京师范大学首个社团间合作大型活动——"律"色环保月,获得了一致好评。

法学社品牌活动 1:影像中的正义

法学社自创办起每月都要在北京师范大学校内放映多部与法律知识相关的电影,每部电影放映之后,还会有相关领域的法学教师针对电影中的法律问题进行精彩点评,使同学们寓教于乐,受益匪浅。该活动激发了学生学习法律的兴趣,提高了学生的参与度,让他们在欣赏电影的同时,学习和理解了法律知识。

法学社品牌活动 2:模拟法庭

法学社自 2002 年成立以来,就担当起举办模拟法庭的重任。在模拟法庭上,社团成员运用自己所学的法律知识,亲身经历庭审程序,真正做到理论与实践相结合,同时也在潜移默化中培养法律人的思维模式,练就法律人的独有气质。模拟法庭吸引了大批外校法学社团和学生会代表前来观摩,场面热烈,产生了良好影响,对扩大北京师范大学法学院知名度有着积极意义。

法学社品牌活动 3:普法

法学社一直承担着开展"12.4"全国普法宣传日北京师范大学校内宣传的重任。每年均在校内开展形式多样的普法活动。2006 年,法学社在中央电视台《法治在线》栏目的大力支持下为全校师生奉献了一台融知识性、趣味性、参与性为一体的精彩的普法晚会。2007 年,法学社以"唤醒你的权杖——关注大学生权益"为主题在校内开展普法宣传和法律知识讲解活动,对学生提出的法律问题进行了解答,并派发了法律知识宣传资料。

法学社品牌活动 4:法院旁听

学习法律就要真实地感受法律,在实践中体会法律的威严与正义。为让全校学生更多地接触法律、感受法律,法学社开展了一系列法院旁听活动,先后多次组织学生到北京的各大法院旁听,并对法院的法官进行采访。该活动为爱好法律的同学提供了观摩法律实践的平台。

法学社品牌活动 5:法律服务进社区

主动走进社区为居民进行义务普法讲座,解答他们生活中遇到的法律问题,既体现了"学法为人民"的宗旨,又在实践中丰富了成员的阅历,巩固了成员的法律知识,同时也培养了社区居民自觉运用法律武器维护自己权益的意识。法学社积极开展法律服务进社区活动,先后多次到北京师范大学社区等进行普法服务,解答社区居民在医疗改革、房价、幼儿教育收费等方面的法律问题,活动场面热烈,赢得了社区居民的欢迎和好评。

虽然,大学生专业知识的获取主要是通过严谨的课程体系来实现的,但还有许多对专业发展有益的知识是书本以外的,为此理工科专业安排了大量的实验、实习等实践环节来补充理论教学的不足,而文科类专业却难有合适的实践机会,一些与专业相关的大学生社团的产生也与这种情况有一定的关系。北京师范大学的法学社正是基于此产生的,并逐渐发展成为法学专业学生提供实践机会的课外专业学习平台,满足了大量法学专业学生的学习需求。通过参加法学社的活动,法学社的成员获得了他们想要了解的法律知识、想要获取的法律信息、想要实践的法律技能等,法学社凸显了大学生社团的教育价值。

(三)大学生社团的审美价值

审美是人类理解世界的一种特殊形式。发现美、追求美、选择美是人区别于动物的特征所在,人不仅能用美来丰富自己的物质生活和精神家园、愉悦自我,还能通过对美的评判、发展不断完善对世界、对他人、对自己的看法,求真去伪,扬善抑恶。大学生正值世界观、人生观、价值观及审美观形成的重要时期,校园环境的浸润、文化活动的影响、朋辈引导的作用都是影响审美观的因素。

审美价值存在于主客体的相互联系之中。"在主体、客体统一的社会实践中,人们的审美能力得到了发展,审美客体的'信息'也不断丰富。审美价值就是在主体、客体的这种关系中存在着或被创造出来的。"①审美价值不能脱离自然存在或社会客体来看,它是相对一定的主体而言的。神秘莫测的梅里雪山,对于在山脚下眺望的人、对于意欲攀登征服的人和对于有着虔诚信仰的藏民们,都有不同的意义。这就说明,审美价值与审美的主体是分不开的。任何自然现象或社会现象都不可能构成审美价值,只有当它对于人或人类社会具有某种意义时,即使人产生愉悦时,才构成审美价值。当然,这并不是说审美价值没有客观本质或规律,任何审美价值都来源于客体本身或是客体的某些属性,审美价值是客体属性对人、对社会的意义。

---

① 李连科. 价值哲学引论[M]. 北京:商务印书馆,1999:258.

大学阶段是人生最美好的时期,对友情、亲情、爱情的感悟会不断提高大学生的审美能力,为其提供心灵慰藉。大学生社团以丰富的活动、多元的文化、健康的团队精神作用于大学生社团的价值主体,使大学生在社团活动中感受到了愉悦、审美需要得到了满足,由此也就形成了大学生社团的审美价值。

【案例 3-3】

曲高不和寡①

2009 年,在以工科专业为主的 H 大学,几经曲折,终于成立了一个新的社团——音韵民乐社(简称"民乐社"),为一群爱好民族乐器的大学生提供了交流、学习的平台。民乐社的宣传口号是"笛箫会友,琴瑟传情"。成立之初的民乐社非常冷清,人员少、活动少、影响小,高雅音乐的曲高和寡让大多数同学望而却步,也让民乐社的发展举步维艰。但在学校管理部门的支持与发起者的努力下,虽历经波折,民乐社还是坚持下来了,并一路发展,最终在 2011 年被评为学校"优秀新社团"。

在西洋乐器普及和现代快餐文化的影响下,民族乐器在社会上的发展也不甚如人意。在以工科专业为主的大学中,这方面的氛围更是差了许多,有这方面特长爱好的学生本就不多,懂得欣赏的学生也不多。民乐社的发起人之一是一位拉了十几年二胡的山东小伙子小邓,他从小在家人的影响下学习二胡,小学和中学时参加过无数比赛,大小奖项拿得手软。对于小邓来说,二胡是他的骄傲与自豪。上大学以后,他突然发现课外生活丰富的大学居然没有他所热爱的二胡的一席之地,大小文艺活动的主角不是现代歌舞就是西洋乐器,中国的传统民乐完全没有用武之地,而且周围的同学对民乐的了解也只限于知道乐器的名称,民乐传递的那种美更是鲜有人知。他的困惑也是大学里少数喜好民乐的同学的烦恼。中国民族器乐有着悠久、深厚的历史传统,但这些乐器在优秀青年聚集的大学中却没有一席之地。小邓和几个与他一样爱好民乐的同学找到校团委的老师,说出了困惑和想成立民乐社的想法,得到了校团委老师的大力支持,并在老师的帮助下成立了民乐社。

刚起步的民乐社并没有像其他社团招新那样去打广告、坐等新成员报名,而是分头到学院了解有这方面特长爱好的同学,然后一一游说他们加入民乐社。此时民乐社只有不到十名成员,却要在两万学生中找志同道合的人,难度可想而知。

---

① 摘自笔者 2012 年在 H 大学的访谈记录。

好在功夫不负有心人,经过开社"元老"的努力,民乐社招到近30名成员,吸纳了竹笛、陶笛、二胡、琵琶、丝竹、胡琴、古筝、鼓、笙、唢呐等多种民乐的爱好者。招兵买马后的民乐社开始筹备自己的第一次社团活动了,小邓等人的想法是举办一场民乐演奏会,在校园中传播中华民族音乐文化,让更多的同学了解民乐,了解中华民族传统音乐的魅力,也让热爱民乐的同学有一个交流展示的平台。

事情没有想象中那样简单。第一届社员虽然都有一定的基础和特长,但他们的专长不同、个性不一,诸多磨合几度让小邓想放弃,但历时两个月的排练,终于走到了演出这一步。演出时借用的是艺术学院的一个小报告厅,只能容纳100多人,虽然之前在校园里张贴了演出的广告,但到底能来多少观众,小邓心里也没有底。民乐社的成员经过几个月的磨合,心也聚到了一起,纷纷邀请自己的同学、室友、朋友甚至朋友的朋友参加。付出终有回报,正式演出那天,小报告厅挤进了200多人。由于事先预计不足,许多同学只能站着欣赏,但这丝毫没有影响他们的热情。事后小邓回忆当天的情景仍然激动不已,"我那天要表演,已无法顾及很多场内的事情了,但我知道那天没有人喧哗、没有人早退,这已经让我很满足了"。

首演成功给了民乐社全体成员极大的信心,也在校园内掀起一股民乐热。小邓当即决定扩大社团规模。虽然不到招新的时候,但考虑到民乐社的具体情况,校团委还是同意了民乐社的招新请求。经过认真筛选,民乐社又补充了一部分有特长的学生,同时也招收了一部分零基础却有浓厚爱好的学生。小邓说,民乐社不仅要为已经了解民乐的学生提供展示的舞台,更要为不了解民乐的学生提供了解的机会,在大学生中推广和普及中国民族乐器是民乐社的责任。

民乐社后来的发展也是如鱼得水,每年一次的民乐专场音乐会搬到了能容纳千人的礼堂进行,宣传民乐、培训新手、小型演奏、民乐欣赏则是社里的日常活动。通过民乐社的牵线搭桥,2011年起武汉音乐学院青年民族管弦乐团每年来学校登台献艺,青年艺术家们用美妙的民族音乐带领师生感悟民族音乐文化的精髓,享受民族管弦乐的无限魅力。在民乐社的带动下,民族音乐艺术活动定期在校园开展,使越来越多的青年大学生关注高雅音乐,关注民族优秀文化,懂得欣赏并喜欢上了民族音乐,健康高雅的民族文化艺术成了校园文化中一道亮丽的风景线。

高雅艺术对提高青年大学生的文化修养、审美品位有非常明显的作用,与此同时,弘扬优秀的文化艺术也是青年大学生应尽的责任。民乐社在校园中传播中华民族音乐文化,让更多的学生了解民乐,体会民乐的魅力,让热爱民乐的学生有了交流展示的平台,使学生在欣赏民乐的过程中感到了愉悦,提高了审美品位,因而体现了民乐社的审美价值。

艺术的美是直观性很强的美。事实上,大多数艺术类社团也是因能给主体带来美的享受才得以存在并发展下去的,这也是此类大学生社团赋予其主体的审美价值。虽然不同的社团带给学生的美的享受是不相同的,但在愉悦身心方面的作用却是一致的。书画社成员"看甲骨之拙朴,观汉隶之雄浑;赏魏晋之风韵,效唐宋之法度;感受笔墨纸砚的古韵悠长;领略梅兰竹菊的高尚风洁"是美的享受;朗诵艺术团成员"体会声音表达的感情,体验声音对作品的诠释,享受声音飞翔在艺术的天空"是美的享受;还有各类体育协会,在力量、技术与激情中透出的美也是美的享受。各式各样的美存在于大学生社团的活动与其所形成的文化之中,提高了大学生的精神境界与审美品位,也促进了校园师生和谐发展。

美的范围是极其广泛的,体现在建筑、音乐、舞蹈、服饰、陶艺、食物、绘画等各方面。美存在于我们生活的各个角落,路边的风景、穿着的服饰、品尝的菜肴都需要审美,当然这些都是浅层次的审美,我们需要从更高层次上进行探讨,即审人性之美。在这一点上,审美价值与道德价值是有重合之处的,高尚的道德情操本身就被称为美德,给人以美的精神享受。许多公益类的大学生社团及其活动,就很好地体现了大学生社团的审美价值与道德价值的统一。

【案例3-4】

青春足迹丈量大山,浓浓爱心溢满校园①

H大学的爱心助学社(简称"爱心社")成立于2005年,是在校团委直接指导下成立的公益服务性学生社团。爱心助学社自成立以来,始终坚持以"凝聚爱心、传递关怀"为宗旨。在校内,他们倡导讲文明、讲道德、关心他人、以诚待人,引导、培养当代大学生健康的精神风貌,建设和谐校园;在校外,他们积极参与社会公益服务活动,主动资助贫困山区的农村留守儿童完成学业,以实际行动体现大学生的社会责任感和历史使命感。七年来,爱心助学社逐步形成了一个以爱心助学为主体、以支教调研为品牌、以志愿服务为外延的长效服务机制。

多年来,爱心助学社将爱心洒遍大别山区,将知识与快乐带到乡野田间,把理想镌刻在红色圣地,曾被授予"2010年中国青年志愿者优秀奖",多次荣获"湖北省优秀社团标兵""荆楚爱心联盟优秀团队"等荣誉称号,其事迹多次被《南方周末》

① 摘自笔者2012年在H大学的访谈记录。

《楚天都市报》《武汉晚报》等新闻媒体报道,在荆楚大地赢得了广泛声誉。

品牌活动1:爱心支教

爱心社七年如一日坚持开展"爱心千里行"暑期爱心支教活动。每年暑假爱心社都派实践队奔赴郧西县河家镇、红安七里坪镇、英山草盘镇方家咀乡等服务基地开展支教服务,受到当地政府、学校、学生的一致好评。爱心社成员在各服务基地面向农村留守儿童开堂授课,开设英语、语文、数学、礼仪、安全、手工、音乐、手语等20余门课程,累计支教时长4950小时。以"快乐学习、自信成长"为理念,精心策划了"感恩礼仪""弟子规·入则孝""传统手工艺""趣味数学""爱心手语""快乐学英语""智慧大比拼"等形式活泼、别开生面的教学活动,向留守儿童传递知识、快乐和信心,引导孩子们形成立志成才、报效祖国的理想信念。同时,爱心社成员不畏酷暑、翻山越岭调查走访和慰问当地贫困的农民工子女家庭,建立结对帮扶家庭档案,向贫困学生家庭发放助学物资,并有针对性和有计划地进行远程长期帮扶。

品牌活动2:爱心结对

每年9月至10月,爱心社都会通过精心制作成果展板、事迹海报、主题视频等形式向全校师生进行"爱心千里行"暑期实践服务成果展示汇报,以生动的图片、鲜活的视频、感人的场景,激发和带动更多的学生自觉投身到关爱山区留守儿童的爱心之旅中,通过"爱的承诺、牵手行动"结对帮扶活动这一平台,向建档的贫困孩子捐助物资、奉献爱心、传递希望。多年来,在爱心社的倡议和组织下,学校有近400个班级的10000名学生自觉加入"爱的承诺、牵手行动"班级结对帮扶活动中,共筹集爱心资助基金44000余元,在校园内掀起了爱心热潮。

品牌活动3:爱心回收

每年青年节前后,爱心社通过精心策划的校园大型爱心募捐活动,发动广大学生开展废物回收活动,将不用的衣物、文具、书籍等集中回收,进行物资储备;6月中下旬,开展"我们毕业了"毕业生爱心捐赠活动;金秋十月,集中进行"滴水藏水、爱心永驻"新生军训服装爱心募捐活动,将新生不需要的军训服全面回收,为爱心行动服务。

在回收的图书、衣物、文具等物品中,爱心社精心挑选一批适合中小学生的图书、衣物、文具作为爱心支教活动助学储备物资,在"爱心千里行"社会实践过程中向需要的贫困学生发放;适合大学生使用的图书,进行修补后全部捐献给学校图书馆;适合中学生用的全部捐献给支教的中学;剩余的衣服全部转赠给湖北省民政厅,由省民政厅统一安排。截至2012年,爱心社已经募捐到图书3000多册、文具 2000 多套(件)、衣物 12000 多件。

品牌活动 4:爱心义卖

爱心社在重点关爱农村留守儿童行动以外,也践行着更多的社会责任和人文关怀。面对来自校内外的各种救助电话,为解燃眉之急,爱心社多次联系《楚天都市报》《长江商报》《武汉晚报》《知音》等新闻媒体举行大型公益爱心义卖活动。先后组织"抗震救灾,汶川加油"募捐义卖活动、"为玉树祈福"爱心义卖活动、救助癌症少女义卖活动、母亲节为母亲献花大型义卖活动、救助大学病危教师活动,等等,取得了较大的社会影响力,累计组织义卖人数 1000 余人,累计筹集善款近 19000 元,《楚天都市报》《长江商报》等媒体先后对活动进行了专题报道,得到了社会各界一致好评。

爱心社的活动其实就是围绕关心和帮助开展的。当校园里大多数"95 后""00 后"独生子女还只懂得索取不知道付出的时候,爱心社的成员已感受到了"赠人玫瑰,手留余香"的美,他们用自己的方式去帮助陌生的山区儿童,不仅自己做还带动他人做,他们拥有着志愿精神、正义力量和社会责任感。他们对他人的每一次关心和帮助,都是一个完整的行为过程,在这个过程当中,显现了价值主体(大学生)的美德。与此同时,爱心社的成员及其活动影响了更多的人,使得社会主流伦理道德价值观得到彰显,这也是大学生社团的另一个价值主体——大学(大学管理者)所追求的审美价值。

第四节　大学生社团的价值实现方式

在心理学中,价值实现是相对于自我实现的概念,是价值观的外在表现形式。可以将以个体为中心的实现方式理解为自我实现,将外界对主体个体的评价理解为价值实现,比如在家庭中、组织中和社会中获得的承认。因此,在家庭中的主导地位、在组织中的领导地位、在社会中的影响力都是价值实现的标签化现象。一般认为,价值实现是指通过一定形式的价值实践活动,使价值客体对价值主体的需要成为现实,价值实现的基本方式即存在于这种主客体互相作用过程中的价值活动。

一、价值实现的基本方式

"实现"在《现代汉语词典》(第 7 版)中的意思是使成为事实①。我们可以将"实现"理解为：是一种社会实践或认识活动,可以使某种事物从可能性变为事实。在实践或认识活动开始前,人们心目中存在一个主观性的目标,通过实践或认识活动就能实现这个目标,这也是对"实现"的一种理解。

在价值实现的过程中,通过实践或认识所实现的主客体相互作用一般有两个过程：一是主体对客体的感受、反映、接纳以及对客体本性和规律的认识与"服从",即客体对主体的作用和影响;二是主体对客体的选择、建构、改造并使其为自己"服务",即主体对客体的作用和影响。因此,主客体相互作用的内容,即相互作用的价值活动可以表现为使价值主体和客体产生变化,进而实现价值目标,这一变化可分为客体主体化和主体客体化。

(一)客体主体化

通常,客体主体化被叫作"客体化",也可称之为"对象化",即"主体在发展过程中创造了自己的客体,并在客体中实现自己,肯定了自己"②。如人通过物质生产劳动创造出劳动产品,人的目的、思想和本质力量就凝结在产品中,使人的存在和本质力量得到实现。

本书将客体主体化从主体作用于客体的内容和效果的角度来解释,即"主体依据自己的主体尺度,从物质和观念上去接触、影响、改造客体,在客体身上显现和直观自己的本质或'本质力量',从而实现自己的发展"③。在这个过程中,客体越来越带有主体所赋予的特征,这是一个"化"的过程。这个过程包括具体的物质的、能量的、信息的社会内容和精神意义,简单地说,就是主体的本性、特征、尺度显现于客体。

具体来说,主体尺度显现于客体主要表现在"为我""需要""目的"和"效益"等方面。"为我"是主体按照"为我"的方式去建立主客体关系,即客体进入主客体这一关系时就被改造着或建构着,主体一开始就规定了客体与自己相对应的侧面,

---

① 中国社会科学院语言研究所词典编辑室. 现代汉语词典(第 7 版)[M]. 北京:商务印书馆,2016:1186.

② 辞海编辑委员会. 辞海[M]. 1999 年版缩印本. 上海:上海辞书出版社,2000:425.

③ 李德顺. 价值论(第 2 版)[M]. 北京:中国人民大学出版社,2007:62.

从而使客体的自在规定性在这一关系中被选择和改造。比如人在做饭时要选择食材,如果想吃米饭,就要选择用米做,如果想吃面条,就要选择用面做,选择什么样的食材(客体),取决于人(主体)的选择,人只会按照自己的需要选择客体并进行改造。被选择的客体在与主体发生关系时,其价值也就实现了(米或面的食用价值实现了)。

"需要"是主体本身的规定,反映了主客体间的矛盾统一,意味着客体能够提供主体所缺少的东西,满足"需要"就意味着某种价值转移。例如,人(主体)需要营养,就要吃米饭(客体),米饭能提供人所需要的营养,如果米饭被人吃了,米饭的营养价值就转移到人身上了。

"目的"是"需要"的具体化和现实化,是主体对客体作用的定向机制。"目的"不等于全部"需要",只是更集中、更现实地体现主体与客体特性之间的具体联系。在人吃米饭的例子中,人(主体)根据自己的某种物质需要,以把米饭吃掉为目的,而并没有根据自己的另一些需要把研究米饭作为目的,其原因一在于人自己,二在于米饭的情况,这些都是非常具体、非常现实的。因此,"目的"的活动特点是使客体接受、服从、服务于主体的规定,使客体主体化。

"效益"是对主体存在和发展起肯定作用的结果。在"效益"中,主体的"需要"和"目的"不再是"应该"或是"可能"的东西,而是"已经"和"现实"的,即取得客观形式的东西。主体对客体的作用通过效益回到主体自身,主体实现了自己的发展,显示了自己的"本质力量"。人吃了米饭,人(主体)获取了营养,米饭(客体)的价值也就实现了。

不论是物的价值实现还是非物的价值实现,在客体主体化过程中,主体对客体的作用包含了从主体的结构和规定性出发,从需要到目的再到效益等方面的基本内容和环节。其总的性质和趋势是使客体同化于主体,为主体服务,实现价值。

(二)主体客体化

在价值关系中,主体对客体的作用是必然的,但这种作用不是孤立地、纯粹地存在着,其时刻受着反方向作用的制约,即客体对主体的作用。所谓的主体客体化,"就是指客体以其自在规定性影响、限制、制约和改变主体,客体在主体身上映现自己、实现自己"①。在这个过程中,主体越来越带有客体的特征。但需要强调的是,客体对主体的这些作用只能通过主体的活动来实现,也就是说客体的作用

---

① 李德顺.价值论(第 2 版)〔M〕.北京:中国人民大学出版社,2007:66.

内容也同样具有实践和认识的形式,一般表现为:以自己的本性规定主体、外部规律、条件和效应。

以自己的本性规定主体是指,客观存在作为对象一旦进入某种主客体关系时,它的自在规定性就不仅表现为它自身,同时也规定着以它为对象的主体。比如,当人以田地为劳动对象时,其就当自己是农民。任何客体本身都具有多方面的自在规定性,但客体对主体的规定不是抽象的、概念性的,而是作为具体的、现实的内容存在的。没有客体的详细规定,就不能建立具体的主客体对象关系。

客体对主体的作用中,包含着外部客观规律的内容,这些外部客观规律是指客体本身的规律性,并且不是主体能轻易改的。比如田地(客体)的土壤质量是其本身固有的特性,适合种什么、不适合种什么早有定论,非人(主体)可改变。因此,正确认识和把握客体的规律,也应成为主体活动的主要内容,这也是客体对主体更具体深入的作用。

客体成为主体的条件包括客体成为主体的经验、知识、理论、方法等内容。主体积极活动的结果是将客体由外在的对象变成主体及其活动的内在条件,但这只是表象过程。实际上,客体在实践和认识活动中深入主体、改变主体的结果才是内容实质。这一过程中,主体的许多能力和条件是从客体中获得的。比如,人类在征服大自然、改造世界的过程中使用的许多手段、技巧和能力是从大自然中学来的,这也是实践的内容之一。

效应能充分反映客体的客观性、独立性和自在性。从本质上说,客观世界是不以主体意志而转移的。效应促使主体对新的问题进行认识、思考、实践,迫使主体产生新的变化以适应它,并承担全部后果。对于主体来说,动力来源于压力,因此效应对于促进主体发展也有积极作用。就比如人类在失败和挫折中学到的,远比从成功和顺利中学到的要多。

客体对主体起的作用表现在许多方面,比如作为对象而规定主体,作为外部规律而制约主体,作为条件而影响主体,产生效应而直接改变主体。即使主体在改造客体为自己服务(实现价值)的同时,必须承认、尊重、理解和服从客体的规律,这就是主体客体化的实质,也是价值实现的另一种方式。

二、大学生社团价值的实现

前文已述,价值实现的基本方式存在于主客体互相作用的价值活动中,那么不论是客体主体化还是主体客体化,都离不开价值活动这一重要中介。价值活动是一种活动但又有别于一般活动,它是使价值的主客体相互作用并实现价值目标的一种活动。大学生社团价值的实现离不开大学生社团的价值活动,大学生社团价值的实现可以从价值实现的内涵和过程两方面来理解。

(一)从价值实现的内涵看,由"潜"到"显"的转化是大学生社团价值实现的明显特征

大学生社团具有娱乐、教育、审美等价值追求,这些都是大学生社团的潜在价值。但一般情况下潜在价值并不产生实际效用,只有与价值主体相结合时才能变成现实,与价值主体相结合的途径即通过大学生社团的价值活动这个中介使价值主体(大学生)与价值客体(大学生社团活动)在相互作用中使潜在价值变为现实,即转化为显性价值。这种在由"潜"到"显"的转化中实现的价值,在许多大学生公益型社团中表现得特别明显。

大学生公益型社团主要是指以志愿服务、宣传公益为主的社团,比如爱心社、夕阳红敬老社、环保协会。这种公益型社团的一大特点是对成员几乎没有特长要求,社团招新的条件主要在于其对公益事业是否热衷及性格是否适合,比如是否能吃苦耐劳、有奉献精神。公益型社团的成员来源最为广泛,大学生报名也最为踊跃,这与此类社团的价值目标明显也不无关系。但再明显的价值目标,如果没有价值主体去实践、去体会,也无法实现。

公益型社团的价值目标就是志愿服务,具有教育价值或道德价值。但这并不代表只要加入了社团就可以获得价值,而只有参加了大学生社团的志愿活动,才能将潜在价值转化为主体的显性价值。以爱心社为例,爱心社的主体来源广泛,其家庭背景和经济状况也有较大的区别。有些来自城市的孩子第一次去山区支教看到当地的条件时内心受到震撼,在支教过程中,他们自身也完成了一次蜕变。通过参加活动,爱心社的大学生从完全不同于自己过去生活经历的角度,重新认识了社会、认识了他人、认识了自己,如果不参加爱心社,也许他们并不会意识到社会上还有那些弱势群体存在,更不会想到要去帮助他们。正是爱心社组织的这种活动,使大学生在选择了自己的行为的同时,也就选择了自己的价值观,大学生社团的价值得以显性体现。

(二)从价值实现的过程看,价值主体内化和外化的统一就是大学生社团价值实现的基本方式

大学生社团价值的实现是指通过大学生社团的价值活动使大学生社团本身所具有的娱乐、教育、审美等价值追求为大学生社团的价值主体所接受,并内化为他们固有的自然心理特征,外化为他们的自觉行为习惯。没有价值主体,大学生社团的价值无法实现,但也不是有了价值主体大学生社团的价值就一定能实现。大学生社团价值的实现表现为大学生社团成员理解和融入社团,但只做到这点还远远不够,只有使大学生自觉接受社团价值影响并加以实践,即将大学生社团的价值外化于行,才是真正的价值实现。

【案例3-5】

走近社会主义理论研究会①

社会主义理论研究会(简称"社研会"),是一个听起来就很陌生的社团。局外人好奇地想洞察社研会的结构组织和活动,有时甚至还会对其产生误解,想象它是一个高高在上、进行高深哲学理论研究的组织。

2009年,来自湖北一个小城市的小张考上了省城的H大学。他是家里的第二个孩子,姐姐有先天性疾病,父母早已下岗多年。在新一届的社团招新时,他选择了非常冷门的社研会。谈到他当时的选择,他是这样回答的:"我是学文科的,政治书中的理论我能倒背如流,但我却没有办法让这些理论来解释我身边的现象。书里讲的为什么和现实不一样?开始的时候,我想通过加入这个协会来寻找答案,但后来当我真正融入这个集体以后,丰富的活动与思想高深的会友,使我的思维开拓了很多,观念也随之变化,原来一些困扰我的问题早就烟消云散了。"一年后小张成为新一届会长,他将社研会办得朝气蓬勃,带领社研会成员成功举办了一些活动,使成员在实践中学习理论,在相互交流思想中获取心得体会,将看似枯燥的理论学得有滋有味。比如时政分析大赛、社会主义理论知识竞赛吸引了全校不少同学的积极关注。在时政分析大赛现场,由于分析的问题都是社会热点和大学生感兴趣的问题,能容纳200多人的报告厅一度出现一席难求的场面,着实火爆。在党的十八大召开之际,社研会专门组织收看电视直播,学习党的十八大的最新理论知识;之后又举办了"激情燃烧的岁月——社研会学习党的十八大成果展示会",活动以主题片展示、演讲、朗诵、嘉宾点评的形式,回顾了中国共产党的发展历史,重温了党的十八大的盛况,感悟了中国特色社会主义制度的深刻内涵,点燃了在场学生建设祖国的青春激情。2012年,社研会在他的带领下,人数规模达到史上最高纪录36人。他们关注当代社会现实,积极参加社会实践,深入群众,与弱势群体同苦同乐,以实现理论学习与社会实践有机结合、个人发展与社会

---

① 摘自笔者2012年在H大学的访谈记录。

发展辩证统一为根本宗旨。

2013年,在文科生就业大环境不理想的情况下,即将毕业的小张顺利地找到了自己满意的工作。他认为社研会对他的人生观、价值观的形成具有重要影响。他非常有感触地说:"在当今国际局势下,社会主义国家在前进的道路上如履薄冰。面对这些问题,有的人事不关己,高高挂起,或升官发财,或游戏人生;有的人关心国家,却或困惑迷茫,或止步书斋;还有的人,决心在认识和改造中国与世界的过程中,认识并改造自己。我要当认识并改造自己的人!这几年在社研会的经历让我从一个愤青般的毛头小伙子,逐渐变成一个思想成熟的稳重青年。社研会的生活是我大学中最难忘的经历。"

社会主义理论研究会是一个典型的理论学习型社团,我国的许多大学中都有类似的社团存在,但相对文艺娱乐型社团,这类社团是非常冷门的。小张加入社研会的初衷是想寻找一个答案来解释自己的一些困惑,因此,他一开始是带着想"了解"这个社团的目的加入的。小张加入社研会后,或许是从社团组织的活动中找到了答案,或许是他自己的问题有了改变,他自己也说不清楚,但他的困惑基本没有了,社研会的教育价值初步凸显了,他逐渐"理解"了这个社团。后来,小张在社研会继续发展,并作为负责人按自己的想法组织社团活动。因为他对社研会的热衷和爱好,因为他从中学习到了许多新知识,他有了充分的自信,并"融入"社研会当中,在这一过程中社团价值已逐步由内化转为外化。再后来,由于认识水平的提高和社团活动的锻炼,他变成了一个思想成熟、内心丰富并善于表达的人并顺利找到了满意的工作,也许这并不是他之前所能预计到的结果,但与他"运用"了社团知识不无关系,当然这也是社研会的价值外化于他了。

在这种大学生社团价值活动的内化与外化影响下,大学生社团的价值主体很好地"了解""理解""融入""运用"了大学生社团的价值活动,内化与外化做到了统一,大学生社团的价值得以实现。由此可以看出,大学生社团价值的实现分为两个阶段:一是大学生参加大学生社团活动,二是大学生社团活动对大学生产生作用和影响。大学生参加大学生社团活动就是价值选择、确定价值目标的过程,而大学生社团活动对大学生的作用和影响则是实现大学生社团价值目标的过程。大学生参与大学生社团活动,实际上是大学生追求自身需要的满足和实现自身价值的过程,是使预期价值向现实价值转化的过程。

第四章

大学生社团的
价值目标及其实现

本章所讨论的大学生社团的价值目标,指的是大学生社团的实质价值,即大学生社团的目的性价值。大学生社团作为一种学生组织,其在成立和发展的过程中有自己的价值选择和价值追求,人们总是对它寄予这样或那样的希望。这种希望、选择或追求的目标就是大学生社团的价值目标,只有这些价值目标得以实现,大学生社团才能得以继续存在。大学生社团价值目标的实现是大学生社团活动的出发点和归属。

第一节 大学生社团的价值目标及认同

大学生社团价值主体需求的多样性导致了大学生社团价值目标的多元化,而大学生社团价值目标的多元统一性则体现了大学生社团价值主体对大学生社团主要价值目标的认同。参与大学生社团活动的主体都表达着各自的需要,也追求着各自的个性化的需求。

一、大学生社团的主要价值目标

就像大学生社团的价值主体无法一一列出一样,大学生社团的价值目标也是多种多样的。《高校学生社团管理暂行办法》规定:"高校学生社团的基本任务是:遵循和贯彻党的教育方针,坚持立德树人的基本导向……繁荣校园文化,培养同学的社会责任感、创新精神和实践能力,提升同学综合素质,促进同学成长成才。"这里规定大学生社团的目标就有培养公民意识、创新能力、实践能力、综合能力等几种。H大学的一些大学生社团章程也有对社团任务或目标的描述,摘录部分如下:"社团宗旨为,为文学爱好者提供更多、更好的练笔机会,锻炼学生的听、说、读、写能力,扩大阅读和写作在同学们中的影响面,从而促进语文教学更好地开展。""协会主要培养学生的领导能力、自信心、创新精神、人际关系交往能力、承受挫折的能力、社会实践能力等。""本协会以让每位协会成员有充分的机会参加协会活动,展示才华,成为有专长、有素养、有能力的人为宗旨。""本协会的宗旨:传播心理学,提高学生的综合素质,认识心理学,团结广大心理学爱好者,共同学习心理学、宣传心理学、发展心理学,提高大学生的心理素质,促进学生心理健康教育工作的发展,为学生的身心健康服务,为建设和谐校园环境做出贡献。"从这些章程中可以看出,促进学习、发挥特长、培养领导才能、提升人际交往能力、促进身心健康等都可以看作大学生社团的价值目标。

根据相关文件,通过对不同的大学生社团章程进行分析,笔者筛选出占主导作用并且能得到不同价值主体认同的价值目标,可概括为以下五种。

(一)塑造大学生的健全人格

人格是个人的尊严、价值和品格的总和,也可以理解为人的性情、气质、能力等特征的总和。法律意义上的人格,是指人能作为权利、义务的主体的资格。在人格主义哲学中,人格指具有自我意识与自我控制能力,即具有感觉、情感、意志等机能的主体。在心理学中,人格也称为"个性",指个人稳定的心理品质,包括人格倾向性和人格心理特征。前者包括人的需要、动机、兴趣和信念等,决定着人对现实的态度、趋向和选择;后者包括人的能力、气质和性格,是决定着人的行为方式的个人特征。这两方面有机结合,使人格成为一个人区别于他人的、稳定而统一的心理品质。在伦理学中,人格也称为"道德人格",是指一个人的尊严、价值和品格的总和,是个人在社会化过程中形成的一种比较稳定的精神结构和"人的社会特质"。

人格教育是强调对人的教育,对人的全面的、健全的人格进行培养和塑造,"就是教育者有目的、有计划、有组织地对受教育者施加一定的影响,使其具备健康人格的活动"①。在我国,最早提出人格教育的是蔡元培。清末民初,以封建专制主义和"三纲五常"为宗旨的科举制度仍然在对民众进行人性的压抑和摧残,导致人格的片面发展,许多进步知识分子在看到这种弊端后,纷纷寻找富国强民之路,也正是此时,蔡元培怀着强烈的反对旧教育的激情,提出了用完全人格教育来改造旧教育、旧社会,实现富国强民的目的。1912年5月,蔡元培在《一九零零年以来教育之进步》一文中就提出"普通教育养成国民健全之人格,教育者是养成人格之事业"。1919年2月,在《教育之对待的发展》一文中,蔡元培又提出"盖群性与个性的发展,相反而适以相成,是今日之完全人格,亦即新教育之标准也"。1920年12月5日,蔡元培在新加坡南洋华侨中学演讲时将"完全人格"称为"健全

---

① 王亚南. 人格教育浅谈[J]. 江苏教育学院学报(社会科学版),1996(03):26-27.

人格",提出"年前我国审查教育会,把普通教育的宗旨定为:(一)养成健全的人格,(二)发展共和精神。所谓健全人格内分四育,即一、体育,二、智育,三、德育,四、美育。这四育是一样重要的,不可放松一项的"。

从古至今,中华儿女形成了许多优秀品质,如真、善、美、礼、智、信、勤劳节俭、自强不息、艰苦创业。时至今日,在悠久历史中形成的优秀品质,需要在新一代青年中继承发扬,而学校教育恰是这种人格教育的最佳场所。

大学生社团作为隐性教育环节,其价值属性决定了其对大学生潜在的教育影响力。大学生社团活动及文化的中心点在于对人的重视,社团的产生、存在与发展无一不体现着以人为本的思想。大学生在社团中体验到了被尊重、被关心、被培养,这些感受极大地激发了大学生的热情和潜能,进而又促进了大学生的发展,使他们的人格素质得到提高,尤其是在树立荣誉感和责任感、形成积极向上的精神风貌、提升道德规范和素养、塑造人格魅力等方面,大学生社团的作用尤为明显,这也正是大学生社团的价值目标所在。

(二)激发大学生的专业学习兴趣

本书中的"专业"是指教育上的专业,即高等学校或中等职业学校根据社会专业分工的需要设立的学业类别。高等教育是培养专业人才的重要途径,我国的本科生教育和研究生教育也都有专业目录并规定了具体的培养目标和课程内容,用以规范大学的专业教育,明确专业人才的素质培养要求和培养内容。潘懋元先生认为专业是课程的一种组织形式,即课程知识是实现专业培养目标的具体内容。

伯顿·克拉克曾将知识分为三类:"职业知识"(occupational knowledge)——指从事某些特定的工作所需要的特殊信息与技能;"历史或普通教育知识"(historical or general education knowledge)——指在普通文化中人类积累起来的科学、美学和哲学智慧的理论知识;"方法和概念知识"(process and concept knowledge)——指掌握知识增进的方法和促进批判性思维与评价能力发展的知识。[①] 组成专业教育的课程可以看作这些分类知识的某种组合,高等教育的发展也是不断促进专业知识发展的过程,因此,大学对专业的发展与传承起着至关重要的作用。值得注意的是,并不是只有大学才能提供专业教育,一些短期的职业培训也能提供专业教育,但其并未影响大学专业教育的发展及其在社会上的地位,反而

---

① 〔美〕伯顿·克拉克. 高等教育系统——学术组织的跨国研究[M]. 王承绪,徐辉,殷企平,等,译. 杭州:杭州大学出版社,1994:12.

使大学专业教育更加具有现实需求性和针对性。大学专业教育还受学生特点及兴趣的影响，一些学生感兴趣的专业由于招生人数的增多会发展得快一些，同时，大学也会考虑到学生个性发展的需要而对一些专业教育进行调整和改革。

一般来说，大学生的专业学习都会按照安排好的计划进行，但不同的学生，即使在相同的条件下，其学习结果也是不一样的，这与个体自身的差异和选择学习的策略不同有关。大学生的个体差异，包括心理发展、认知水平、过往经验等都是造成专业学习效果差异的原因，相同的课堂，由于各人智力水平不一样、知识建构能力不同，最终的学习效果也大相径庭。专业学习效果的不同还与学习的策略有直接关系，提高专业学习效果的策略之一是选择自己真正感兴趣的专业去学习。兴趣是最好的老师，离开了兴趣的学习是枯燥的、无效率的。但现在很多大学生所学的专业并非自己兴趣所在，却又不能按自己的兴趣去选择专业，被动的学习导致专业学习的效果并不理想。提高专业学习效果的策略之二是制定合适的学习目标。无论做什么事情都应该有明确的目标，正确的、合适的目标是成功做任何事情的基础。许多大学生在上大学之前学习目标是很明确的，即考上理想的大学，但一旦上了大学就不知道下一步的目标了。也许大部分学生会调整好自己的状态来适应大学生活并重新找到学习目标而努力学习，但也有一小部分大学生一直处于迷茫状态，而导致最后的学业失败。提高专业学习效果的策略之三是找到适合自己的学习方法。正所谓"工欲善其事，必先利其器"，有兴趣、有目标并不代表能学好，学习任务完成得好坏在一定程度上取决于具体的学习方法，每个人的学习方法并不完全相同。古今中外，许多成功者都发明了不少好的学习方法，比如孔子的"学而时习之""温故而知新"，朱熹的读书"三到法"（心到、眼到、口到），卢梭的学习"三步法"（储存、比较、批判），爱因斯坦的"忘却法"（在所阅读的书本中找出可以把自己引到深处的东西，把其他一切统统抛掉，就是抛掉使头脑负担过重和会把自己诱离要点的一切）。大学生应该重视学习方法的学习，掌握和形成适合自己个性特点的学习方法，努力提高自己的专业学习效率，取得令自己满意的专业学习效果。

因此，提高对专业的兴趣和掌握有效的学习方法，是大学生学好专业的有效方式。大学生社团与大学生的专业学习的关系有三种情况：一是与大学生所学专业相近的学习型社团可以激发专业学习的兴趣；二是可以让一些对所学专业不感兴趣的大学生找到新的专业学习途径；三是大学生社团的教育、引导、影响作用使一些大学生走出专业学习的困境，或是提高了学习兴趣，或是找到了合适的学习方法。由此可见，激发大学生的专业学习兴趣也是大学生社团的价值目标之一。

(三)促进大学生的特长发挥

特长是指个人特别擅长的专门的技艺或研究领域,分专业特长和非专业特长。对于大学生来说,其专业学习达到较高水平,也是一种特长。由于上文讨论过大学生社团与专业学习,因此本部分所指特长仅限于非专业的、业余的特长,也可看作素质教育。

在校园里,学习之外拥有文学、艺术、体育等方面特长的大学生并不在少数。许多大学生在进校之前拥有某方面的特长,进入大学后,他们需要一个平台或机会去施展才华、展现自己;还有一些大学生在进入大学之前并没有特长,他们或是由于将主要精力花在学业上没有时间培养特长,或是由于经济条件和所处环境不允许而错失机会,但他们内心深处渴望有一项特长,进入大学后,他们需要的是学习特长的机会。

培养全面发展与个性发展相结合的人是现代大学的人才培养目标,特长培养是大学生发展个性、彰显特色的有效途径,特别是在当今的就业市场中,许多用人单位对有特长的毕业生青睐有加。尽管特长培养的重要性众所周知,但大学在人才培养过程中,一般也只会在两个方面体现培养学生的特长:一是在人才培养计划中设置大量选修课,让学生按自己需要选修;二是在学生测评体系中改变相关计分办法,以鼓励那些有特长的学生。除此之外,大学生的特长培养基本靠自己努力,特长培养的方式基本上是自学、向同学和朋友学、参加额外的培训班、加入大学生社团。

从大学生社团的定义就可看出,但凡加入社团的学生,大多是对该社团的活动有兴趣或有此方面的特长。大学生加入社团可能是想发挥自己的才能,也可能是想融入与自己爱好相同的圈子,还可能是想学习自己感兴趣的特长。而结果也是如此,从大学生社团的娱乐价值和教育价值角度来讲,大学生特长的发挥愉悦了自己和他人,同时他们也得到进一步交流和培养特长的机会。因此,促进大学生的特长发挥也是大学生社团的主要价值目标之一。

(四)培养大学生的创新精神

"创新"这一概念最早是由奥地利经济学家熊彼特于 1912 年在《经济发展理论》一书中提出的,起初主要是在经济领域使用,后逐渐应用延伸到其他领域。哲学家认为,创新是一种实践行为,是人类对于发现的再创造,是对于物质世界矛盾的再创造。心理学家认为,创新是潜藏于人类大脑结构和功能中的一种心理潜能。社会学家认为，创新是人们为了发展的需要，运用已知的信息，不断突破常规，发现或产生某种新颖、独特的有社会价值或个人价值的新事物、新思想的活动。《辞海》将创新定义为"抛开旧的，创造新的"①，这个简单的释义包含了三层含义：第一，更新；第二，创造新的东西；第三，改变。同时，其也为创新定义了一个参照系，即旧的，也可理解为已有的、现存的。创新是分层次的，"创新是一个金字塔，知识发现是金字塔的塔尖，塔尖下面还有应用发明、技术创新、集成创新等"②。从心理学的角度来看，每个人都蕴藏着丰富的创新潜能，那么从理论上讲，人人皆可创新，事事皆能创新。因此，不论什么人、从事什么样的工作，只要能创新性地开展工作、创新性地解决问题、能孕育新观念、取得新成果，就是创新人才。

在我国，早在 20 世纪初，著名教育家陶行知在《第一流教育家》一文中就提出要培养具有创造精神和开辟精神的人才，并认识到培养这样的人才对国家和民族具有重要的意义。他可能是我国近代最早提出"创新人才"相关概念的人。在我国，人们一般认为，所谓创新人才，就是具有创新意识、创新精神、创新思维、创新能力、创新人格并能够取得创新成果的人才。在国外的研究文献里，与创新相关的概念多用"creative mind""creative man""critical thinking"等表述，即创造性思维、创造型人格和批判性思维。一些世界著名大学的办学宗旨可以反映出它们对创新人才的理解和追求。哈佛学院（哈佛大学前身）在 1650 年所提出的办学宗旨里指出："哈佛致力于克服各种限制，让学生全面参与，以探索能力、发展兴趣、开发智力和潜力，哈佛的教育应该使得学生自由探索、创造、挑战、领导。"③"MIT 致力于给学生打下牢固的科学、技术和人文知识基础，培养创造性地发现问题和解决问题的能力。"④"牛津、剑桥则深受纽曼大学理念的影响，把'探测、挖掘和开发学生的潜在能力，激励个人的创造性精神'作为大学教育的指导思想，以培养出一代代高水平的人才。"⑤

根据以上表述，可从精神、知识、能力三个层面来理解创新人才。从精神层面看，创新人才具备一种内生的创新原动力，这种原动力可以理解为创新精神，它包

① 辞海编辑委员会. 辞海[M]. 1999 年版缩印本. 上海：上海辞书出版社，2000：263.
② 李培根. 构建创新人才培养体系之我见[J]. 中国高等教育，2008(5)：20-21,38.
③ 郭峰. 学生自主学习能力的培养：提高教学质量的核心命题——哈佛大学的经验及其启示[J]. 外国教育研究，2008(1)：60-64.
④ 刘宝存. 创新人才理念的国际比较[J]. 比较教育研究，2003(5)：6-11.
⑤ 刘宝存. 创新人才理念的国际比较[J]. 比较教育研究，2003(5)：6-11.

含了挑战精神、质疑精神、批判精神、探索精神和持之以恒的精神。从知识层面看,创新人才具备牢固的学科知识基础,能熟练运用已有学科知识进行相关研究,并能不断积累。从能力层面看,创新人才具备较强的动手实践能力和探索能力。

大学生社团所提供的"学习的自由"为创新人才的培养开辟了道路。大学是传播、生产、储存人类高深学问的精神殿堂,"孤寂与自由"是大学始终坚守的信念,这种"自由"既包括"教的自由"也包括"学的自由"。"学的自由"包括选择学什么、怎么学、什么时间学和形成什么样的学术思想。这种"自由"促使学生能够批判地审视现有知识和自主地探索科学真理,这种"自由"精神导致的批判精神和探索精神,就是人的创新特质的外化特征。与大学中其他教育形式与载体相比,在大学生社团中,由于其参与者对相同的学习内容感兴趣、可以自由安排学习时间、自行选择学习方式等,因而更能体现"学的自由"。

大学生社团的组织松散性与开放性为创新人才的培养营造了环境。虽然组织的严密性有利于管理,但组织成员的活动若被限制在给定的空间之内,人的创新本性就会丧失,封闭环境所带来的狭隘就会演变成为教条、迷信和所谓的传统惯性,这对于人,尤其是青年学生的想象力是极大的摧残与破坏,会销蚀他们的进取意识与创新精神。大学的院系、班级和正式的学生组织,都是学校管理层级的重要一环,因为目前的高校管理体制需要,这种组织是必须存在的,但其活动范围和方式却受到各种限制,并不能为所有大学生提供自我创造、自我实现的舞台,而大学生社团恰好能弥补这个缺憾。"学生社团以其组织结构的开放性和运行机制的松散性,保证了参与者跨越学科、院系、年级及个体差异的界限,自主地建构活动及交往的内容、方式及时间,能够较好地满足学生需要,为最大多数的学生提供自我实现的载体和平台。"①

所以,大学生社团既是学习的场所,也是创新的场所,这是由于它拥有与大学其他学习形式相比更为宽松、更为自由的学习环境,因而它也是大学最富有活力的组织。社团活动在无形中提高了大学生的创新精神与创新能力,尤其是一些学术型和科技型的大学生社团在此方面的作用更为明显,比如机器人仿真协会、创业协会等社团,更是明显带有探究特征,在培养大学生创新精神与创新能力方面有重要的作用。培养大学生的创新精神也是大学生社团的主要价值目标之一。

---

① 徐柏才. 论高校学生社团在培养创新型人才中的作用[J]. 学校党建与思想教育,2008(6):61-62.

(五)提升大学生的心理健康水平

世界卫生组织对健康的定义是:"健康不仅是躯体没有疾病,还要具备心理健康、社会适应良好和道德健康。"简单理解就是身心健康,即在躯体、心理、社会适应性和道德方面都健全良好的,才是健康的人。这里特别指出了心理健康,说明了其对于个人健康的重要意义。到目前为止,对于个人心理健康的判定,全世界都没有完全统一的标准,但一般认为,拥有完整人格、人际关系正常和有明确生活目标的人是心理健康的人。世界卫生组织还针对健康制定了十条标准:一是充沛的精力,二是处世乐观,三是善于休息,四是应变能力强,五是能够抵御一般感冒和传染病,六是体重适当,七是眼睛明亮,八是牙齿清洁,九是头发有光泽,十是肌肉丰满。其中,前四条为心理方面的内容,后六条则为生理方面的内容。由此可见,心理与生理的统一决定了一个人是否健康,二者是相互联系、密不可分的,健全心理与健康身体是相互依赖、相互促进的。

由于人的复杂性,人的健康也是个复杂的问题,针对不同的时代、不同的文化背景、不同的年龄都有不同的标准。大学生一般处在 18~25 岁,正处于青年中期,其心理具有青年中期的人所具有的特点。但作为一个特殊群体,大学生又具有自身的特点。关于大学生心理健康的标准,许多学者对此进行了研究,较为有代表性的是樊富珉提出的大学生心理健康的七个标准:①能保持对学习较浓厚的兴趣和求知欲望;②能保持正确的自我意识,接纳自我;③能协调与控制情绪,保持良好的心境;④能保持和谐的人际关系,乐于交往;⑤能保持完整统一的人格品质;⑥能保持良好的环境适应能力;⑦心理行为符合年龄特征。

苏联学者布赫曼提出的"亚健康状态"(指介于健康与非健康之间的中间状态)同样也适用于对心理状态的评定。现阶段的大学生,有明显心理障碍而导致心理疾病的是少数,部分学生处于亚健康状态,主要表现为:平时表现正常,但与健康人相比,学习目标不明确、学习效率低、注意力难以集中、恐惧失败、对外界事物缺乏兴趣,有时候会茫然不知所措,经常感觉"没劲"。这种亚健康的产生是有原因的,亚健康的状态也是动态的。尽管心理亚健康并不是特别严重的心理问题,但如果不及时重视并予以干预,很容易引发相应的心理问题。导致心理亚健康的原因有许多,最主要的因素有环境变化、自我冲突、情感问题、人际关系不和、学业和就业压力。环境变化的压力主要是大一新生对大学生活适应性的问题,自我冲突则包括理想与现实的差距、自尊与自卑纠结,情感问题多与恋情相关,人际关系不和与独生子女的心理特点相关,而学业和就业的压力则可能在大部分大学生中都或多或少地存在过。

　　大学生社团作为一个可以自由选择加入的组织，首先给了大学生一种亲和感。种类繁多的大学生社团为大学生培养良好的心理素质提供了重要的平台和阵地，丰富多彩的社团活动在帮助大学生拥有健康心理方面有着重要作用。大学生社团以丰富、开放、自由、创新的社团活动为载体，使得根据自己兴趣自愿加入社团的大学生经受了多种锻炼和培养。在这个开放的场所中，大学生在自我管理、自我服务和自我教育的自主教育形式下，自身综合素质不断提高，与之相随，大学生的心理素质也得到了较好的完善，特别是在大学新生适应大学生活方面、提高自信与抗挫能力方面、提供适应社会的锻炼方面以及对心理治疗的辅助方面。因此，提升大学生的心理健康水平无疑是大学生社团的主要价值目标之一。

二、大学生对大学生社团价值目标的认同

　　大学生是大学生社团的价值主体，他们对于大学生社团价值目标体系的认同程度影响着大学生社团价值目标的实现程度。对大学生社团价值目标的认同是指大学生在进行评判和选择的过程中对大学生社团产生的情感归属，主要包括认知认同、情感认同和行为认同。

（一）价值认同的内涵

　　"认同"这一概念广泛应用于哲学、心理学、政治学、社会学、教育学等多个领域。弗洛伊德把认同看作"个体或群体在感情上、心理上趋同的过程"①，埃里克森提出了"自我认同"，亨廷顿认为"任何层面的认同（个人的、部族的和文明的）只能在与'其他'——与其他人的、部落、种族或文明——的关系中来界定"②。《辞海》对"认同"的解释是："共同认可；在社会学上泛指个人与他人有共同的想法；精神分析理论用语亦称'自居'。"③基于以上理解，笔者认为，认同主要是主体对自我存在的确认、对身份地位的感知及对其他事或人的自觉认可、接受乃至践行。

　　学者们对于价值认同的理解也不相同。一种看法是，价值认同是静态的，如果个体或组织在相互交往的过程中对某类事情产生相同的看法，或对某类价值具有相同的观念，或有共同信仰的理念、判断事物的标准、追求的目标，则主体的价

---

①　车文博. 弗洛伊德主义原理选辑[M]. 沈阳：辽宁人民出版社，1998：375.

②　〔美〕亨廷顿. 文明的冲突与世界秩序的重建[M]. 周琪，等，译. 北京：新华出版社，1998：134.

③　辞海编辑委员会. 辞海[M]. 1999 年版缩印本. 上海：上海辞书出版社，2000：1567.

值认同可谓一致。另一种看法是,价值认同是动态的,是"处于不断的建构—破裂—建构过程中,剧烈变化的现实往往使得一种认同刚刚确立,瞬间又变得虚无缥缈了"①。一般来说,价值认同是在一定的群体范围内对特定事物的价值意义所形成的共识,由于个体的传统、审美、道德以及宗教信仰等文化角度不同,因此"一定的群体范围"与"特定事物"是形成价值认同所必不可少的前提。归纳起来,可以将价值认同看作一种静态的心理过程,即价值主体对自身的一种定位;也可以将价值认同看作一种社会互动的动态过程,即价值主体在社会交往过程中,通过对某种价值观念的认知、评判、选择等从而将其内化为自身的价值观念,对自身已有的价值观进行重构,并外化为行为的过程。

价值认同是一个不断建构的过程,这个过程是认知认同、情感认同以及行为认同在主体心理结构上的统一。

1. 认知认同

认知在心理学上是指"人们获得知识或应用知识的过程,或信息加工的过程,这是人的最基本的心理过程。它包括感觉、知觉、记忆、想象、思维和语言等"②。价值认同最基本的层次就是认知认同,是指人们对社会观念、价值理念的了解、理解和接受,其最重要的影响因素是价值主体能否将价值观念内化为信仰及外化为行动。认知层面上的价值认同包括感性认同和理性认同两个不同的阶段。感性认同是认同的初级阶段,解决"是什么"的问题。它是人们在形成认同之前,对于价值观念表面层次上的认识与了解。它也是情感认同乃至行为认同的基础,因为只有知道了、了解了,才能理解并进一步将其内化为自己的信念。理性认同则是对价值观念体系进行判断分析,"知其然并知其所以然",是在感性认同的基础上形成的。

2. 情感认同

情感是价值主体对某一事物的基本态度,有好坏的区别,它影响甚至决定着价值主体的行为。在情感上认可的价值观,才能外化为具体行为。人们在认知认同的基础上,对价值观念或思想体系产生的肯定、喜爱或尊崇的情绪体验就是情感认同。情感认同有别于认知认同,认知认同不一定完全是自主了解,通过外部

---

① 王成兵. 当与代认同危机的人学解读[M]. 北京:中国社会科学出版社,2004:15.

② 彭聃龄. 普通心理学[M]. 北京:北京师范大学出版社,2004:37.

的灌输也可能实现,但是情感认同是基于价值主体内心的自愿接受,是一种内心反应。如果价值主体在情感上认同了社会规范,那么其在具体行为上就更容易遵守规范,较少出现失范行为,具有比较强的稳定性。

3. 行为认同

马克思曾经指出:"全部社会生活在本质上是实践的。"[①]这就是说,思想要外化为行动才能做出准确评判。行为认同也可以理解为实践认同,是指人们在价值认同内化的基础上,在认知、情感的支配下,在社会生活中履行价值体系的规范,将价值规范外化为具体行动的过程。行为认同是价值认同的归宿和落脚点,如果人们对于价值体系的认同仅仅停留在口头和观念层面,没有相应的行为,甚至产生完全与价值规范相反的行为习惯,这就说明认同的程度不高。

价值认同的三个阶段——认知认同、情感认同和行为认同是相互影响、相互渗透和相互促进的。认知认同是后两者的前提和基础,它为情感认同和行为认同提供了可能性;情感认同是内化的,是整个认同过程的动力和源泉;行为认同是外化的,是认知认同和情感认同的最终结果和外在表现,也是巩固价值认同的实践力量。总之,价值认同的这三个阶段是相互统一的。

(二)大学生对大学生社团价值目标的认同

前文已述,大学生社团的价值主体是多元的,对于前文所列举的大学生社团的主要价值目标——塑造大学生的健全人格、激发大学生的专业学习兴趣、促进大学生的特长发挥、培养大学生的创新精神、提升大学生的心理健康水平,更多的是从大学管理者的角度提炼的大学生社团的主要价值目标。而作为大学生社团最大的价值主体也是最重要的价值主体——大学生,这个"一定的群体范围"对大学生社团价值目标这一"特定事物"是如何理解的值得我们进行探讨,而如何提高大学生对大学生社团价值目标的认同度更是需要我们进行研究的。

1. 认知认同

认知认同是大学生对大学生社团的了解。认知认同可以由大学生自觉获知,也可以通过大学校园文化、大学管理者或其他大学生获取信息,了解并理解大学生社团价值目标的具体内容。在问卷调查中,未加入社团的大学生在回答"你了

---

① 中共中央马克思恩格斯列宁斯大林著作编译局. 马克思恩格斯选集:第 1 卷[M]. 北京:人民出版社,1995:56.

解××社团吗?"这个问题时,选择"不太了解"或"完全不了解"的人数占78.8%,选择"非常了解"的人数仅占5.6%;而加入社团的大学生在回答"加入社团后,你了解你的社团吗?"这个问题时,选择"非常了解"和"比较了解"的人数占到82.3%,选择"完全不了解"的人数为0。这说明,认知认同是在大学生加入社团之后产生的。

2. 情感认同

情感认同指大学生在认知认同的基础上,将大学生社团的价值目标内化为自己的奋斗目标,并由此形成自己的价值取向,这是认同阶段的关键环节。情感认同的程度决定了大学生社团价值目标的吸引力和被认可度:情感认同程度越高,大学生社团价值目标的吸引力和被认可度就越高;相反,情感认同程度越低,价值目标的吸引力和被认可度就越低。

3. 行为认同

行为认同指大学生在前两个阶段的基础上,将大学生社团的价值目标转化为自己的奋斗目标,并在社团活动中有目的地行动。

其实,不论是情感认同还是行为认同,大学生最终对社团价值目标的认同体现在对大学生社团作用的看法上。问卷统计显示,在多选题"你认为社团在大学里的作用有哪些?"的回答上,很多大学生选择了"塑造大学生的健全人格""培养大学生创新精神""培养大学生个性特长""提高大学生心理素质""促进专业学习",其中,选择人数最少的为"促进专业学习",占56.8%,选择人数最多的为"培养大学生个性特长",占86%,其他选项占比介于两者间。总之,大学生对大学生社团价值目标的认同,能对大学生社团活动产生积极的影响,对大学生社团的发展能起到积极的推动作用。

第二节　大学生社团价值目标的实现及意义

大学生社团的价值目标不但是大学生社团价值的起点,也是其终点,是大学生社团的价值主体和客体需要共同完成的任务。在大学生社团的价值活动中,价值目标处于核心地位,其他目标都要服从、服务于价值目标。大学生社团的价值目标体现了大学生社团对其价值主体具备哪些功能、作用、意义和影响,价值目标的实现则体现了大学生社团的价值客体对价值主体的某些功能、作用、意义和影响。

一、大学生社团价值目标的实现

对于大学生社团的价值主体来说,只有实现了大学生社团的主要价值目标,大学生社团对于价值主体的那些功能、作用、意义和影响才能得以显现。而大学生社团的价值目标主要是通过大学生社团活动来实现的。

(一)大学生社团与人格教育

大学生社团的产生、存在与发展体现了以人为本的思想。大学生在社团中体验到了被尊重、被关心、被培养,这些感受极大地激发了大学生的热情和潜能,进而又促进了大学生自身的发展,有意识的社团活动和社团文化无形中提高了他们的素质。

1. 荣誉感和责任感的树立

大学生社团具有目标趋同性。社团中的每一名成员对自己所在的社团都有不同程度的认同感,否则他们也不会在没有外力干预的情况下自愿加入社团。加入社团后的大学生,在与一群在观念、兴趣、爱好及其特长等方面具有一定程度一致性的学生一起参加社团活动、参与社团管理的过程中,会逐渐产生对社团的归属感,并慢慢以主人翁的姿态存在于社团当中。这时的社团成员在活动中能够群策群力,有了以社团兴衰为己任的荣誉感和责任感。而通过参与社团的各项活动,大学生可以亲身体验到集体活动的乐趣和集体的力量,进而增强集体荣誉感,认清个人与集体的关系,树立正确的大局观和集体观。社团成员在社团中产生的集体荣誉感和责任感使大学生社团具有一种强大的凝聚力和向心力,他们重视团体发展,为团体做出贡献,社团蓬勃发展后带来的威望、名声和良好社会关系又使他们体会到了成就感和自豪感,并再次激发他们的集体荣誉感和责任感,形成良性循环。

很多大学生社团都有积极进取、充满活力的文化与精神氛围,为大学生的人格升华提供了强大的精神动力。这种氛围具有强大的凝聚力、感染力和影响力,激发了学生的自豪感、使命感,是催人奋进、鼓舞士气的动力源,是对不思进取、自甘平庸的否定,是给人以锐意进取、勇于拼搏的精神力量。

【案例 4-1】

有一种勇敢叫担当　有一种责任叫传承①

1992 年的秋天，几个青年白手起家，怀着对文学的无限执着与渴望，怀着"相信自己能创造奇迹"的理念，成立了南湖文学社，创办了一份综合性校园刊物《南湖》。那时，条件还十分简陋，没有电脑，没有场地，几个人挤在宿舍核对、排版、刻钢板，无前车可鉴，无基石可倚，可谓历尽艰辛。两个月后，正值寒冬，《南湖》创刊号在食堂门口发行，自此，南湖文学社的故事拉开了序幕。

《南湖》一直坚持自筹资金，以朴实的方式讲述大学生自己的故事，一度在全校引发文学热与出刊热，"经商养文，以文促商"这一前瞻性的社团管理理念也成为各个兄弟社团效仿的榜样，南湖人引以为豪。

《南湖》轰轰烈烈地登场，却没有像其他校园刊物一样悄无声息地消失，这并不是偶然，而是一代代南湖人付出努力与传承发扬的结果。南湖文学社在近 20 年的发展道路上，经历了资金困难、人员流失、网络新媒体的冲击等种种困难，特别是在校园逐渐被强大的新兴媒体占领的情况下，《南湖》差点就地终结。但南湖文学社及时调整发展策略，2002 年注册了"南湖人网"，开通新媒体宣传渠道，成为校园里第一个拥有顶级网站域名的学生社团，同时也确立了期刊与网站并重发展的"双媒体"战略，力争建设全国优秀的学生文化传播团队。南湖文学社的这一仗打得及时、打得漂亮，再一次体现了优秀社团的底蕴与实力。

外人也许看到的是《南湖》的风光与文学社的长盛不衰，只有社团的人才知道他们是如何付出又是如何获得的。一遍遍核对文字，一篇篇拟订版式，眼睛直盯电脑，这就是在南湖文学社里所做的工作，简单而又复杂，枯燥而又有乐趣。为了把关稿源的质量，编辑们一次次争得面红耳赤，有时为了一个词也会整晚反复斟酌；知道社里资金紧张的小夏，为了更好地排版，自掏腰包购买排版软件；为了拉到赞助商，小杜和社员们连续五个周末去免费打工……这些都是外人所不知的。而南湖文学社每年为失学儿童举行的义卖活动，更是让全社成员倾心付出，因为那已不仅仅是社团组织的一项活动，而是每位社员净化心灵的契机。

迎来风雨，送走晚霞，南湖文学社坚强地走过了 20 个春秋，目睹了一批批老社员的离去、一批批新社员的加入。

20 年前创刊之初，也许是感性多于理性，而在随后的漫长艰难的跋涉中，能坚

---

① 摘自笔者 2012 年在 H 大学的访谈记录。

持下去更多的是因为耐力、韧性和初始的那一份激情。所有深爱《南湖》的人都是忙碌的,他们将自己的青春与光阴比长短。南湖文学社的一位社长曾说:"有时候我很累,但我从前任那里接过的责任,我必须传承。"所有为自己钟爱的事业不辞劳苦的人都是一面镜子,他们真实地折射出世间有一种勇敢叫担当,有一种责任叫传承。

毫无疑问,南湖文学社是一个优秀的大学生社团,20年的风雨兼程,为这个社团积淀了积极奋进、不畏艰难、勇于创新的社团精神和文化,而这种精神和文化又影响了一批又一批社团成员。

2. 健康精神风貌的形成

大多数社团都是催人奋进、鼓舞人心、充满正能量的,为大学生的人格升华提供了强大的精神动力。满怀热情、精力充沛又有着共同目的的青年人聚集在一起,必定是不甘平庸、不愿固守陈规的。这种基于热爱的锐意进取、勇于拼搏的精神对自己、对社团、对其他人来说都是一种积极向上的力量。

"我当时特别不明白他(H大学的一位社团负责人,口述者的室友)为什么不累,每天早起晚睡,除了学习外,全部的时间精力都用在了社团,社团组织、活动策划、具体落实、资金赞助等,人忙得像个陀螺,却每天精力充沛,激情四射。社团他办得好,学习他也不落下,奖学金年年都有他的。跟他在一起,我都不好意思晚起赖床,更不敢放松对自己的要求。后来,在目睹他的热情后,我也加入了吉他协会(我会弹一点),才真正发现了社团吸引人的奥秘……"[1]

很多大学生社团是学习科技类社团,如电子爱好者协会、数学建模协会、文学社、口语俱乐部,经常组织开展一些益教益学的活动,如航模大赛、科技竞赛、知识讲座、文学论坛、读书沙龙,激发了大学生的学习兴趣,校园里的好学之风蔚然形成。

3. 道德规范和素养的提升

当今社会,传统的说教式道德教育已经失去了作用,理论与实践的脱节更让道德教育举步维艰。而大学生社团活动是在充分调动大学生的主动性和参与意识的基础上,使大学生在社团活动中自我体会、自我教育,从而潜移默化地进行道德规范的渗透,使其形成道德素养。一些理论研究型社团,如邓小平理论研究会、

---

[1]　摘自笔者2012年在H大学的访谈记录。

马克思主义研究会的宗旨就是让主流价值观吸引更多同学主动参加,以提高大学生的政治思想素质和道德修养。相比正式的课堂教学,这些社团开展的活动多以理论讲座、研讨会、社会实践等形式进行,广泛吸引大学生参与,增加了大学生的时代责任感和社会道德感。再如一些公益志愿型社团,如爱心社、青年志愿者协会则通过开展公益、志愿、服务性活动增强大学生对社会的爱心和责任心。其实,不管是什么类型的社团,都会在长期活动中形成道德规范、道德习俗和道德观念,并潜移默化地影响社团成员的价值观,进而影响社团成员的理想、情操和人格,使他们逐步树立崇高的道德责任感,不断提升道德水平。

【案例4-2】

有一种爱　有始无终①

　　2009年11月,我随队回访湖北省黄冈市英山县方家咀乡。我们冒着凛冽的寒风,走进每一位贫困生家里,将助学金和文具等物资送到他们手中。寒冷的天气和崎岖的山路使我只有一个念头,就是快点结束这次活动。在走访的最后一家,我第一次见到了刘不悔(化名)。不悔是爱心社长期资助的对象,她的妈妈在她出生不久就因不能忍受家庭的贫穷而离家出走,爸爸常年在外打工,但从不向家里寄一分钱,留下不悔和70多岁的奶奶相依为命。不悔家的房子十分破旧,狭小的土房每逢下雨都不能住人,不仅是因为漏雨,更因为有随时倒塌的危险。家里十分阴暗,根本没有什么像样的家具,连床都是不悔和奶奶共用一张单人床。更令人揪心的是,奶奶身体不是很好,从面黄肌瘦的脸上可以明显看出她极其缺乏营养。奶奶告诉我,一袋米她和孙女不悔只能吃半个月,尽管自己严重贫血,但她却不敢多吃饭,怕吃完了上顿没有下顿。看了她们家的情况,我震撼了,我不知道现在还有如此艰辛的家庭。但令人感动的是,在这种极度贫困的条件下,奶奶依然坚持让不悔读书。回想我刚才还有想快点离开的念头,我觉得很羞愧。那一次,除了爱心社的既定资助,我把身上带来的钱都留下了。

　　回校以后,山区的落后与不悔家漏雨的旧房子总在我脑海里出现。如果说加入爱心社时我只是拥有一腔志愿服务的热情,那么那次的山区之行却坚定了我志愿服务的信心。2010年5月,在爱心助学社社长换届选举中,我竞选成为社长,我想要组织更多的人加入志愿服务中,让我们的力量越来越大,让我们能关心、帮助更多像刘不悔那样需要帮助的人。

---

① 摘自笔者2012年在H大学的访谈记录。

2010 年 7 月,我来到方家咀中心小学支教。出发之前,我利用空余时间精心准备教案,反复试讲,修改课件 10 余次,力争将最精彩的课堂带给孩子们。我还带去了礼仪课程,教会孩子们基本的礼仪,教会他们如何表达感恩,很多孩子回家之后给家人一个大大的拥抱,令家人感动不已,都夸孩子们懂事多了。这一次,我有意多与不悔接触,发现她的性格有些偏执,有时会为一点小事发脾气,不是很懂事,我知道这与家庭环境不无关系。我知道,物质上的帮助可以使她的家支撑下去,但是正逢青春逆反期的不悔更需要精神上的帮助。所以,我对她格外关注,经常主动和她聊天,纠正她行为上的一些小毛病,排练节目时我特地邀请她参加了手语歌《隐形的翅膀》的排练,希望这首励志歌曲能够激励她、引导她。令人欣慰的是,不悔在与我和队友们相处的过程中慢慢地开朗起来,成绩也进步了不少。这一次,我还尽可能地多走访学生家庭,了解他们的成长环境和学习情况,10 天时间,我总共走访了 16 户学生家庭,并建立方家咀乡留守儿童档案库,以便日后继续关注他们的成长。

幸福的家庭总是相似的,不幸的家庭各有各的不幸。孩子们本应该享受着天真快乐的童年,却由于家庭的原因过早承受了巨大的生存压力。虽然我们的力量很微小,但是也希望能照亮孩子们的天空,帮他们驱散贫困带来的阴霾,为他们种下希望。回校以后,我带领社员们组织各种爱心活动,比如爱心回收、爱心义卖和班级主题宣讲,一方面我们希望能通过这种义卖为山区的孩子们筹到更多的助学金,另一方面也希望通过这些爱心活动号召更多的同学加入我们,将爱心传播得更广。

2011 年 7 月,我作为队长,再次带领着团队来到方家咀中心小学进行义务支教。在此之前,我组织爱心助学社面向全校宣传我们的支教活动,得到全校同学的积极响应,最终筹得助学资金一万多元,全部用于购买学习用品带给了孩子们。这一次支教,我们还开设了素质课程教育,内容涉及语文、英语、礼仪、安全、音乐、美术等多个方面,拓展了孩子们的视野,还解决了部分留守儿童的心理问题。

数次支教,使我收获了感动。这些感动来自孩子们清澈的双眼,来自孩子们灿烂的微笑。每当和孩子们在一起的时候,看到他们的笑脸,听到他们的笑声,我都格外快乐。清晨,当第一缕阳光照进校园的时候,我仿佛听到孩子们银铃般的笑声,刹那间,笑声与阳光一起洒满整个校园,那种感觉,纯净、美好,让人一生难忘。傍晚,当落日的余晖铺满操场,孩子们又笑着闹着排队等待着老师送他们回家。至今还记得第一次走上讲台时孩子们对我说的第一句话:"老师,你来了真是太好了。"这些可爱的孩子们,就是如此淳朴,如此可爱。是他们让我坚定决心,我要一直走下去。我致力做好每一次支教,尽可能带给山里的孩子们更多的精彩。当我努力把大山外的精彩带给孩子们的时候,他们其实也给了我精神上的洗礼,爱心传递,幸福他人,成就自己,我无比充实。

平凡的事情坚持下来也就成了伟大。转眼间,我已经度过了近三年的大学时光,累计支教近400小时,从最初把支教当作一次活动,到现在渐渐把支教当作一种事业,我慢慢成长。风雨兼程的三年多,我一直被和蔼可亲的老师与热情友好的同学鼓舞着,被那些坚强的孩子感动着,他们让我坚持下来,用汗水与执着换来了今天的成长与收获。我为自己感到骄傲!

案例中的"我"是H大学的一名普通学生小金。他来自城市,从小过着衣食无忧的生活。进入大学以后,他加入了爱心助学社,有了去山区支教的机会。在山区,他认识了一群贫苦却坚强得让人心痛的孩子,他坦诚爱心社改变了他的生命轨迹。

也许小金是一个典型,但他却能代表很多爱心社的成员,爱心社的道德价值在他们身上得以完美体现。通过参加爱心社的活动,小金从完全不同于自己过去生活经历的角度,重新认识了社会、认识了他人、认识了自己。如果不参加爱心社,也许他并不会意识到社会上还有那些弱势群体,更不会想到要去帮助他们。但正是爱心社这样一个平台,使他认识了他们、帮助了他们。他选择了自己的行为方式,也就选择了自己的道德观,而这种道德观正是我们社会主义社会所提倡和需要的正确的义务、荣誉、正义和幸福观念。

4. 独特人格魅力的塑造

"人格魅力不同于优雅的气质,也不同于沉鱼落雁的容貌,它是指一个人的品质、作风、知识、才干、业绩以及行为榜样对他人所产生的影响力。"[①]人格魅力是一个人内在的、具有个性的品质,它能反映一个人的思想、道德的水平,又能通过感性表达出来,作用和影响他人。大学生社团所倡导的精神与文化以人为中心,倡导激发人的热情、培养人的特长、挖掘人的潜力,致力于全面提高人的素质。大学生社团所提供的平台、氛围与种种机会,在塑造大学生人格魅力方面能起到不可忽视的作用。特别是对于大学生社团的负责人和骨干成员来说,培养卓越的人格魅力对大学生社团的和谐发展具有重大的意义。大学生社团的负责人和骨干成员通过社团工作的锻炼,在思想修养、自身形象、组织管理、创新创造、人际关系方

---

① 岑道权,李新. 学生社团骨干人格魅力的塑造[J]. 人民论坛,2010(3):143-144.

面都得到了提高,也形成了自身独特的人格魅力。对于普通社团成员来说,人格的完善和人格魅力的形成,离不开个人能力的提高和个人潜力的发挥,大学生社团提供的平台、氛围、机会给了他们充分展示和发挥的机会,使他们远离胆怯、充满自信,可以说,大学生社团给了他们自信。

【案例 4-3】

普通工科男的“且听锋吟”①

2009 年春节过后,A 大学大一工科专业男生小郭无意间观看了第一届幻特嘻魔术协会成立大会。这个协会是由外籍教师苏珊发起的,本对魔术没有丝毫兴趣的小郭心中萌生了一个念头:加入这个协会,跟着外国人学习英语。刚开始的时候,他只是想利用魔术课堂的机会学习英语,后来他发现,如果想获得更多与苏珊交流的机会,就必须有共同的话题,那就是魔术。于是,每一次魔术课,他都用心学习,课后还时常加上自己的创意,一次次地练习给同学看,上课时表演给苏珊看,可以与她更多地交谈对话。渐渐地,小郭学会的魔术越来越多,偶尔也能充当苏珊的助手上台表演了,舞台也渐渐成为让他心动的地方,他学习魔术的热情更加高涨,对协会的感情也越来越深厚。协会的一些琐事,比如搬宣传板、布置教室、准备道具都少不了他。因为努力和热爱,2009 年 6 月,他成为幻特嘻魔术协会的副会长(会长是苏珊的一个助教小高)。

第二届魔术协会加大了对成员的培训力度,社团成员的魔术技能提高得很快,经常会在小郭的带领下在学校内的大小晚会上登台亮相,也经常到学校附属小学和幼儿园给孩子们带去精彩的表演。社团成员享受着表演魔术的快乐与魔术带给他人的快乐。小郭更是在学校社团联举行的“第四届个性会员大赛”中,凭借自己的精彩魔术,一路过关斩将,杀入决赛并拿到三等奖,拥有了不少粉丝。此时的小郭在社团已是中流砥柱,他热爱魔术、热爱舞台、自信心十足,虽然后来面临苏珊短时回国没有魔术教师的巨大困难,但小郭和他的伙伴们克服困难将魔术课堂坚持了下来。毕业前夕,他创造性地举办了“且听锋吟”个人魔术秀专场,这是 H 大学迄今为止非艺术特长生举办的唯一一次个人专场表演,获得了巨大成功。

小郭在社团中塑造的个人魅力,从魔术延伸到魔术表演的舞台,更从魔术表演的舞台延伸到他的学习、生活当中。毕业后,学习土木专业的他在建筑行业找

---

① 摘自笔者 2012 年在 H 大学的访谈记录。

到了一份专业对口的工作,由于对待工作的热情和独特的人格魅力,半年后他就从同期毕业生中脱颖而出,开始负责具体业务工作,一年后就成为一个小项目的负责人,工作得心应手。

笔者在调查了解的过程中发现,与小郭一样,许多在大学生社团中表现出色的成员,在毕业时往往能比较顺利地找到自己满意的工作,并且对工作充满激情,就业后能很快步入工作正轨,发展形势较好。这些都与大学生社团对个人人格魅力的塑造不无关系。

(二)大学生社团与大学生专业学习兴趣的激发

大学生社团与大学生的专业学习的关系有三种情况:一是与大学生所学专业相近的学习型社团可以激发专业学习的兴趣;二是可以让一些对所学专业不感兴趣的大学生找到新的专业学习途径;三是大学生社团的教育、引导、影响作用使一些大学生走出专业学习的困境,或是提高了学习兴趣,或是找到了合适的学习方法。

1. 提高对本专业的学习兴趣

第一种情况是指社团活动的内容与大学生专业学习内容一致或相近,社团活动是专业学习的延伸和扩展,对专业学习有很好的促进作用。在大学里,大部分学生能认可和适应自己的专业,并能把主要精力投入专业学习中。但很多同学也明白,想把专业学好,仅靠学校培养计划之内和课堂上的学习是远远不够的,课内教学尤其是理论教学主要是传授基本理论、主要观点和基础方法,大学生要形成比较完整的专业知识体系、具有综合素质,就必须在课外学习上花功夫。当然,大多数大学的课外专业培养内容比较丰富,各种专业实践锻炼的机会很多,而与专业一致或相似的大学生社团无疑也是一种非常好的课外专业学习的补充。这些大学生社团所开展的活动,或是可以拓展大学生的专业知识、提高理论水平,提供机会使大学生将专业理论运用于实际当中;或是可以训练大学生的专业操作技能;或是可以提供机会让大学生参加与专业相关的课题研究。据统计,在 H 大学,约有 20% 的人参加的社团与自己的专业相关或相近。

比如,机械创新协会、电子爱好者协会、仿真机器人协会、数学建模协会多为机械类、电子类专业的学生参加,有专业指导教师,经常举办各类竞赛活动。这类社团虽然人数不多,却是学校和管理者的宠儿,在场地和经费上获得了学校和管理者的大力支持。当然,他们也不负期望,在各类相关比赛中屡屡获奖,并带动了相关专业学生的学习积极性,满足了大学生社团价值主体的目标期望。

再比如,艺术类学生参加的设计天下协会。这个协会就是为艺术设计专业学生和广大艺术爱好者提供的学习、交流及互动平台。协会的宗旨是让每一位成员接受最前沿的设计资讯、把握最新的时代潮流、设计作品。协会的主要活动是组织去设计公司实地考察、参加设计培训及设计师讲坛与最为吸引人的纸装秀。这些活动与艺术设计的相关度极高,参与协会的同学受益匪浅,特别是纸装秀活动是对艺术设计专业学生专业功底的一次真实考验。许多同学在参加过一次纸装秀后,感觉把自己过去学习的知识全部掏空了,马上想做的事是赶紧再学习、再积累!

还有许多与专业相关的大学生社团,如环保协会、法学社、公关与口才协会、模拟投资协会,参加这类社团的学生多多少少会从社团活动中得到专业学习方面的帮助。

2. 解决原专业的困境

第二种情况是指大学生所参加的社团与自己所学专业并不相关,但与自己感兴趣的专业相关,通过参加社团活动可能会使自己找到真正感兴趣的专业并为之努力。一部分大学生对自己现在的专业认同度和满意度并不高,只是囿于大学管理制度而不能重新选择自己喜欢的专业,又或者因为自己喜欢的专业在所在的大学中根本没有,因此只能留在当前的专业学习。这些学生的专业学习效果一般不太好,甚至有些学生还会产生"专业困境"而导致厌学心理。在这种情况下,学生的专业学习得不到提高,直接影响将来的就业;厌学带来的不守纪律、逃课、考试不及格甚至上网成瘾等问题会对其他同学造成不良影响,给学校管理带来困难。学生遇到"专业困境"后,一般会有几种选择:一是想办法转专业,但这在许多学校实施起来难度较大;二是积极辅修自己喜欢的专业,对原来的专业得过且过;三是退学再考,这种情况出现得较少;四是勉强自己继续学下去。在这些选择之外,还有些学生选择加入自己喜欢的大学生社团,找到自己喜欢的、有兴趣的专业去学习。事实证明,大学生社团在解决学生"专业困境"方面确有成效,有时甚至会影响学校的专业设置。如"浙江师范大学——一所没有影视专业的师范大学,依靠学生社团'影评学会'培养出数十位全国著名的影视人才。2005年,学校也因此获准设置戏剧影视文学本科专业和广播电视艺术学硕士点,拥有众多学生DV

工作室"①。

也有许多大学生在加入社团之后发现自己真正的兴趣、特长和优势所在,于是开始学习新的专业,最终成绩斐然。

在 H 大学的各种文艺晚会上,总会有一个熟悉的身影,那就是女主持人小李。小李是金融专业的学生,高中时就爱好播音与主持,但由于种种原因并未如愿进入专业院校学习播音与主持专业,而是读了金融专业。如果她没有加入主持人爱好协会,也许她会如大多数同学一样,正常地从金融专业毕业,或许还能找到一份相关的工作,但她的人生轨迹却因为加入主持人爱好协会而从此改变。加入主持人爱好协会后,小李如鱼得水。因为喜欢,她投入了全部的激情,利用课余时间去学习、去主持、去比赛,几乎没有休息时间。因为喜欢,她无悔付出,继而取得好的回报。几年来,她在校级、省级的各类主持人大赛、诵读比赛中屡获大奖,学校所有大型晚会的主持人非她莫属。种种出色的表现使她在大三时就已获得武汉电视台实习主持人的机会。②

3. 提高学习兴趣

第三种情况是指社团活动与大学生的专业并无必然联系,但大学生参加社团活动后会影响其专业学习的态度和方法。在大学里,有相当一部分学生(尤其是新生)在或长或短的时间内,由于学习目标的缺失、学习动力的缺乏会一直处于迷茫状态,专业学习的效果自然也不会好。处于这种状态的学生,对专业学习往往提不起兴趣,甚至还有抵触情绪,更感受不到学习成功的喜悦之情。长期处于这种状态,会使大学生失去系统学习专业知识的动力,最终影响其就业竞争力和职业发展前途。这种情况与是否喜欢本专业没有太大关系,他们的问题在适应大学和自身心理调节方面。特别是对大学新生而言,远离家乡和父母、陌生的环境、崭新的人际关系都需要他们快速适应。"如果大学新生不能很快改变自己在中学的生活、学习、交往方式,就会出现适应障碍,如有的新生会变得孤僻,有的新生会感到迷茫、困惑,甚至会有人企图逃避这种新的环境。"③新生进校不久,就是大学生社团宣传招新的时候,不少新生加入社团的初衷并不明确,但一旦加入某个社团

---

① 伍德勤. 大学生社团活动的理论与实践[M]. 合肥:合肥工业大学出版社,2011:150.

② 摘自笔者 2012 年在 H 大学的访谈记录.

③ 段兴利,张军成,孙伟国. 高校学生社团与新生的入学适应[J]. 甘肃社会科学,2004(5):180-182,185.

后,其在生活、人际交往、语言沟通方面会得到锻炼,在社交、友谊、尊重、归属和成就等多方面的需要也会得到满足。与此同时,大学生社团也为新生们提供了展现才能、实现抱负的机会,使大学生的积极性、创造性得到了较好的发挥。统计发现,参加社团活动的大学生在心理调适方面明显好于未参加社团活动的大学生,加入大学生社团的新生比没有加入社团的大学生能更快、更好地融入大学生活。由此可见,大学生社团在帮助大学生适应群体生活方面起到了明显的作用。

H大学的绿色环保协会通过组织讲座、实地参观、绿色骑行等活动打消了环境保护专业新生关于"冷门专业难就业"的顾虑;IT新时代协会通过举办电竞设计大赛和寻找身边的"网虫"活动从正、反两方面进行引导,使一些沉溺于网络游戏的新生重新审视网络带来的变化;"我是学长"协会则邀请高年级的优秀学长为新生介绍学习体会,帮助新生规划大学目标,以尽早适应大学学习生活。

大学生社团是大学生实现自我教育、自我锻炼和自我提高的平台,也是对大学生进行心理素质教育、提高大学生心理素质的良好途径。虽然这类大学生社团与解决大学生的心理困境和大学生的专业知识获取没有直接的联系,但其提高了大学生的学习兴趣,从而间接促进了大学生的专业学习。从另外一个角度来看,大学生加入社团后,学会了人际交往、人际沟通等社会生存技巧,这也是一种知识的获取。

(三)大学生社团与大学生特长的发挥与培养

从大学生社团的定义就可看出,但凡加入社团的学生,大多是对该社团的活动、文化有兴趣或有某方面的特长。大学生社团中的特长培养,是一种完全区别于其他方式的学习,其不同之处在于自愿。没有人强迫你加入某个社团,在社团中也没人强迫你学习,所有发生在大学生社团中的学习完全是自觉、自愿的。这也是为什么大学生热衷加入社团的原因,或许他们觉得终于能自己选择一次了。在这种自觉、自愿基础上的特长培养,成效非常明显,因为愿意,所以付出再多也无怨言。

Only one舞协由一群酷爱街舞的大学生组成,其宗旨是以舞会友、传扬文化、强身健体、丰富生活。舞协的固定活动有两种:演出和培训。每年招新时,舞协的人气虽然火爆,但真正有一定功底、能上台表演的人却不多,许多同学基本上是零基础入会,大多是抱着学习的目的入会的。在这种现实情况下,舞协对日常的培训抓得很紧,因为任何舞蹈都需要扎实的基本功。台上一分钟,台下十年功,每周两次的基本功训练风雨无阻。武汉的夏天长,冬天也长,在常人看来难以坚持的基础训练,大部分同学却坚持下来了。舞协的培训成果令人满意,优秀成员有机会在学校的演出活动中登台,一般成员大多会成为各自学院的文艺主力,而舞协一年一次的联欢会则给每一名成员提供了充分展示的机会。①

其实,在H大学这种以工科专业为主的大学中,有文体特长的学生并不太多,真正有文体特长的学生自然想尽量展示自己,成为学校各种活动的宠儿。与此同时,大多数学生所谓的特长只是爱好或略通皮毛,他们想在大学的空闲时间里培养一项或几项特长,以达到愉悦心情、提高素质的目的。在这种情况下,许多大学生社团的定位就是以传播、培养为主,广泛吸纳各类学生加入,特别是一些难度相对较高、专业性较强的大学生社团中零基础入会的成员占到了大多数。如此,这些大学生社团就担负起了培养大学生特长的任务。

【案例4-4】

爱我所爱　无怨无悔②

H大学的幻特嘻魔术协会作为一种专业性较强的文艺类社团,培养社团成员的魔术特长是其首要的价值目标。相对其他价值目标来说,特长培养这一价值目标具有根本性和优先性。特长是指个人特别擅长的专门的技艺或研究领域,分专业特长和非专业特长。显而易见,幻特嘻魔术协会价值目标取向中的特长培养是指非专业特长,更多地依赖兴趣和自愿。

加入幻特嘻魔术协会的学生大都为魔术所吸引,爱好魔术。最开始协会的组织、人员和活动都相对简单,协会的主要活动是开设魔术课堂,向成员们传授魔术技巧。这可以看作一种特长的培养,是幻特嘻魔术协会最初的价值目标取向。在社团后来的发展过程中,魔术课堂一直被当作社团传统的重要活动,即使社团遇到了困难和挫折也仍然被保留和发扬。后来,第二届会长任职期间,苏珊回国,没有教师可以担任魔术课堂的主讲,小郭他们只能自己从网上学、从校外拜师学,然后回来再教给成员,就这样度过了那段艰难的时期。在第三届会长任职的时候,小丁充分利用了自己曾经系统学习过魔术的优势,担当起了魔术课堂的主讲,同时也利用自己在武汉魔术联盟的资源,请一些更加专业的教师来魔术课堂任教,使魔术课堂的师资正规化,为后面几届打下了良好的基础。从魔术课堂的创设到遇到阻碍,再到社团负责人们千辛万苦地维持并发展的过程中可以看出,魔术课

---

① 摘自笔者2012年在H大学的访谈记录。
② 摘自笔者2012年在H大学的访谈记录。

堂对于社团和成员的重要性和被需要性,这其实也是特长培养的重要性和被需要性。

特长培养之所以成为幻特嘻魔术协会最重要的价值目标,还有一个重要原因,那就是特长培养满足了社团所有价值主体的需求。对于幻特嘻魔术协会来说,教成员学习魔术与表演魔术是社团的责任也是社团的需求;对于幻特嘻魔术协会的成员来说,学习魔术与表演魔术、将魔术发展为自己的特长也是他们加入魔术协会的原因之一,是自己的需求;对于学校来说,对这类文艺类社团的定位,就是让其培养和发展大学生的个人爱好和特长,并繁荣校园文化。

除此之外,还有一种特长培养可能是社团成员在加入之初没想到的,那就是加入大学生社团后,在社团管理岗位工作的学生很好地锻炼了管理能力。大学生社团由于自身组织的松散性,其管理难度和复杂性远远大于学校的官方学生组织,特别是大学生社团的负责人,在社团中的首要任务就是管理,而管理什么、如何管理,都是他们在管理社团过程中必须思考的问题。从目前大学生社团的发展形势来看,社团负责人需要做好社团发展定位、发展规划、组织框架等方面的工作,需要主动学习管理知识和技巧,才能在与众多大学生社团的竞争中立于不败之地。不少优秀的社团负责人也在步入社会后脱颖而出成为杰出的管理人才。前文所说的南湖文学社的两位创社人现已成为大型国企分公司的负责人,公关与口才协会的几任会长和骨干要么创业成功,要么已成为公司的高层管理人员,这类事例不胜枚举。

(四)大学生社团与大学生创新精神的培养

大学生社团自由平等的社团文化为创新人才的培养创造了氛围。人在思想自由不受束缚、思维活跃不受权威影响的情况下,质疑精神和批判精神会被充分激发。大学生社团是一个种类繁多、差异甚大的同辈群体,成员在学习目的、个人信仰和受教育程度方面互相影响而形成同辈群体亚文化。这种亚文化的核心内容是具有共同的价值规范。当然,不是每一个社团都会形成共同的价值规范,但形成了亚文化的社团就具有了自由、平等的属性,社团成员之间是自由的、平等的。这种自由、平等的关系本质上与一般的师生关系不同,对培养人的创新意识有很好的促进作用。自由、平等的社团文化与课堂教育环境相比,少了预先设定的权威环境和已成事实的知识体系,社团成员基于共同感兴趣的内容,不计地域文化、学科背景、人生经历而自由、平等地交流碰撞思想,是一种有意义的学习,也是一种主体创新本性的涌现。

大学生社团的实践锻炼平台为创新人才的培养提供了渠道。创新人才不仅应该具备创新精神,还需具备创新能力,而创新能力主要从实践中锻炼获得。陶行知先生提倡的"生活即教育,社会即学校"教育思想与杜威提出的"做中学"教育理论都强调实践对于教、学的重要性。重理论轻实践、重知识轻能力造成大学生的动手能力差,这与我国传统的教育理念、现行的教育方式及现实的教育条件不无关系。大学生社团在某些方面和某种程度上,已成为大学生实践的重要场所,社会实践、科技下乡、技术开发与推广等实践活动还锻炼了大学生的社会交往能力。"一项社团实证研究表明:85.25%的社团成员与社会上的人打过交道,其中56.25%的人认为'他们带来了不同的思维方式,可以借鉴学习'"①。

总之,大学生社团为培养创新人才创造了环境,大学生社团的活动激发了大学生的创新潜能,促进了大学生的创新精神和创新能力的培养,是大学培养创新人才重要的补充渠道。

【案例 4-5】

让"工程制造"永立时代潮头②

——ACM/ICPC 协会的"创新后效应"

编者按:前不久,2010 年 ACM/ICPC 国际大学生程序设计竞赛中,我校代表队在亚洲区预赛斩获金奖并晋级 2011 年全球总决赛。水珠虽小,却能折射出太阳的光辉,ACM/ICPC 比赛虽然只是各项赛事中的一项,但我校代表队从弱到强的发展轨迹却折射出我校创新文化的深层次影响。

知名互联网企业的"英雄帖"

不久前,计算机学院大二学生袁喆因为在 ACM/ICPC 国际大学生程序设计大赛上不俗的表现收到了知名互联网企业的"英雄帖",这意味着他的一只脚已经踏进了该公司,只要他愿意,毕业后随时可去实习或工作。

由袁喆、胡光、刘俊峰三人组成的团队以优势总分数斩获 2010 年 ACM/ICPC 国际大学生程序设计竞赛金奖并成功晋级 2011 年全球总决赛。这是我校在该比

---

① 徐柏才. 论高校学生社团在培养创新型人才中的作用[J]. 学校党建与思想教育,2008(6):61-62.

② 哈尔滨工程大学. 让"工程制造"永立时代潮头[EB/OL]. http://www.ccug.net/news/2010/12/24/41540.jhtm.

赛中首次夺金。作为世界名牌大学程序设计高手的练兵场，ACM/ICPC 自然成了著名 IT 企业关注的焦点，难怪 IBM、百度、谷歌等都将目光对准了获奖选手，并向他们频频伸出"橄榄枝"。

袁喆并不是我校第一个受到知名企业关注的学生，他的师兄程劲飞在本科毕业后去了微软中国工程院，成为当时该公司招聘的唯一一名本科毕业生。在面试中，程劲飞表现不错，但想优中选优的考官还有一丝犹豫。考官不经意地问了一句："你参加过创新活动或比赛吗？"程劲飞自信地说："参加过 ACM/ICPC。"考官问了个关于图论的问题，他对答如流，并与考官展开讨论。面试还未结束，考官就对他说："小伙子，来微软咱们继续讨论吧！"程劲飞能在求职过程中立于潮头，源于他出众的自主学习能力和动手实践能力。用他的话说："软件工程、软件测试、MFC、API 等很多知识都是我从课堂上学不到的，如果不参加 ACM/ICPC，我也许永远都接触不到。考官看重的是我的自主学习能力和动手实践能力。"

如何培养学生的自主学习能力，是 ACM/ICPC 比赛带队教师俞经善教授一直在思考的问题。在他看来，包括 ACM/ICPC 在内的竞赛和创新活动带给学生最深远的影响是自主学习能力的培养。"数据结构、图论、算法等很多在比赛中需要的知识并不是来自课堂，队员需要一边做实验一边找资料自主学习，没有人手把手地教他们，只会告诉他们需要哪些知识，之后让他们自己去学。在这个过程中培养出的自主学习能力，对他们来说，无论是继续深造，还是参加工作，都是最宝贵的核心竞争力！"

生活中的"蝴蝶效应"

博士生张文涛与 ACM/ICPC 结缘于 2004 年他刚上大学时，ACM/ICPC 仿佛是一只扇动着翅膀的蝴蝶，在他的生活中引发了一系列"蝴蝶效应"。

刚上大一那年，闲不住的张文涛特别想参加一个关于创新的社团或竞赛，但初入大学的迷茫让他一直没找到门路。他偶然参加了由几位师兄组织的 ACM/ICPC 宣讲会，虽然听得云里雾里，但他有个感觉：想参加。这次"招兵"只选择了成绩优异和 C 语言基础好的同学，这让成绩平平的张文涛着实郁闷了一阵子，但他转念一想：虽然不吸收我，但总不会拒绝我去听课吧。于是，他开始"蹭课"，相关培训和讲座场场不落，还时常就比赛问题短信"骚扰"师兄，追着师兄打了一学期的电话。当初参加培训的同学中有不少退出了，张文涛却坚持到了最后。当师兄把实验室的钥匙交到他手上时，他为自己终于"蹭"进 ACM/ICPC 团队而感到骄傲。

我校在 2005 年亚洲区预赛的网上选拔赛中没有进入现场赛；2006 年进入亚

洲区预赛现场赛;2007年获铜奖;2008年获银奖;2009年获1银5铜;2010年获得全球总决赛亚洲区预赛金奖。一路走来,脚步踏实,稳扎稳打。确切地说,张文涛是伴随着ACM/ICPC一起成长的,他所在的三人团队曾在比赛中赢得第一块铜牌,实现了"零的突破"。因为表现突出,他获得了"个性化保研"的资格,并一路直博。这对于成绩并不突出的他来说,真是难以想象的惊喜。ACM/ICPC悄然改变了他的生活,甚至命运。

如今,张文涛是学校30余名"科创导航员"之一,主要负责指导学生的创新工作,今昔对比,他不无感慨:"现在的大一新生真是太幸福了,在宿舍里,科创导航员提供'上门服务',班里有专门的'科创委员',这么好的环境,还犹豫什么?"

尽管因为年龄限制他已不再参加ACM/ICPC比赛,但这几年他也没闲着,一直负责赛事的组织安排及协调工作。他和团队一起开发了"考试评判系统",由计算机实现自动评测,随机生成试卷,提高了考试效率。

胡光的"瓷砖理论"

"寒假期间,算法学社将进行算法培训,想参加的同学请回短信。"胡光群发完这条短信两小时之内就收到30余条短信回复。作为算法学社的主席和ACM/ICPC亚洲区域赛金奖获得者之一,虽然他只是个大二的学生,但做算法培训工作已有一年。

算法是ACM/ICPC大赛、数学建模大赛、机器人仿真比赛等很多比赛都涉及的考试项目。算法学社的成员大多来自计算机学院、自动化学院、机电学院等。每个星期天的下午,成员会根据事先短信通知的培训内容自行选择是否来上课。这个课堂不用签到,全靠自觉和兴趣,凡是来上课的同学都是真心喜欢并真正受益的。ACM/ICPC团队建立算法学社的初衷是想让更多对算法感兴趣的同学参与进来,使更多人受益。待培训结束后,成员可以自行选择感兴趣的比赛,当然也可以"近水楼台先得月"参加ACM/ICPC团队。"ACM/ICPC团队主要采用学生自主管理的模式,招新、培训和训练都采用老队员带新队员的模式。"胡光说道。

胡光切实感受到创新给自己带来的益处,并总结出一个"瓷砖理论"——"假设学校是一座砖厂,生产的砖头都一样,那么用人单位用哪一块都可以,凭什么会选你?而我们学校经过创新活动等种种工艺的锻造后,将学生变为一块与众不同的瓷砖,那就会有不可替代性,何愁销路?"作为学校创新政策和创新活动的受益者,胡光也想为学校的创新教育工作出一份力,让更多的人从中受益,并将创新活动进行到底。

创新人才的成长是一个创造力得到保护、想象力得到激发、洞察力得到宽容的过程。创新教育是为了让青年学子拥有自由的心灵、独立的思想、大胆的想象以及勃发的创造力,而学校则要为这样的成长创设适宜的环境。ACM/ICPC 协会是为了竞赛,但又不只是为了竞赛,只是希望借助比赛来从另一个方面施教,带给学生另外一些东西,如合作与竞争、团队与个人、理论与实践、责任与信任。

(五)大学生社团与大学生心理健康水平的提升

种类繁多的大学生社团为大学生塑造良好的心理素质提供了重要的平台和阵地,丰富多彩的社团活动在帮助大学生拥有健康心理方面有着重要作用。在这个开放的场所中,大学生通过自我管理、自我服务和自我教育的形式,自身综合素质不断提高。具体表现在以下几方面。

1. 大学生社团为新生适应大学生活提供了过渡平台

新生进校后,面对陌生的环境和人际关系,往往会遭遇短时的心理危机。"他们在中学时代拥有的许多资源在高校无法利用,如中学时既熟悉又可以成为自己倾诉对象的家长、老师、朋友此时不在身边,短期内又找不到值得信赖的朋友、伙伴,从而出现了'知音难觅''便纵有万种风情,更于何人说'的苦恼和无奈。"①尽管有班级同学、寝室室友,但各人之前的文化熏陶不同、生活习惯不同、兴趣爱好不同,一时之间难以形成亲密关系,新生的孤独感油然而生。这种亚心理健康状态可长可短,或严重或轻微,取决于大学新生自身的适应能力和入校后的种种选择。加入大学生社团的新生往往比其他新生能更快地适应大学生活,原因在于他们在兴趣相近的人群中更容易找到朋友,从而也能找到情感疏通和思想沟通的对象。他们在共同完成社团目标的过程中,同甘共苦,相互理解,在感情上极易产生共鸣,并最终成为朋友,从而带来心理上的平衡和满足,也可帮助他们顺利适应陌生的大学环境与生活。

2. 大学生社团帮助大学生提高自信与抗挫能力

许多大学生在进入大学后发现周围人才济济,自己原来不过是井底之蛙。有的同学可能发现自身才华、家庭背景、身高长相、学习成绩等都比不上别人,于是自我否定、消极的自我暗示、受挫的感觉都会涌现,混杂着自尊与自卑的复杂心

---

① 段兴利,张军成,孙伟国. 高校学生社团与新生的入学适应[J]. 甘肃社会科学,2004(5):180-182,185.

理,严重地影响正常生活和学习。大学生社团是一个展示才能的舞台,给了学生各种可能发展的机会。比如,有的同学可能在班级内默默无名,是一个几乎被大家忘却的可有可无的人,却因为会下围棋而参加了围棋社,然后又在学校的围棋赛中一举成名,成为校园名人。另一方面,有的同学才华横溢,因此处处得意,加入大学生社团时也是信心百倍,然而却在社团中发现人外有人、天外有天,自己得意的那点本事可能根本不算什么,自信心虽受到适当打击却有利于提高其对挫折的承受能力。与此同时,在大学生社团中,每位成员都会或多或少地遇到困难,不断面对困难、解决困难的过程也可增加大学生的心理承受能力和抵御风险、挫折的能力。

3. 大学生社团为大学生尽早适应社会提供锻炼的机会

因就业问题而导致心理亚健康的大学生已不在少数,特别是一些临近毕业的学生,这方面的心理问题可能会更严重。造成这种情况的原因,一方面是就业形势严峻引起的心理问题,另一方面是许多大学生一直生活在单纯的校园学习环境中,对步入社会有一种莫名的恐惧,担心自己不能适应从学生到社会人的角色转变。诚然,人在社会中扮演的角色是经常变化的,一会儿是"领导者",一会儿是"被领导者",一会又是"合作伙伴",如果不能及时有效地进行角色转换,就会产生社会角色错位而导致难以适应社会。大学生社团是大学生与社会联系的纽带,为大学生步入社会提供学习和适应的准备。大学生社团活动的丰富性为大学生提供了多种角色扮演的模拟练习,使其在领导、朋友等各种角色中经常转换,不仅锻炼了他们处理各种复杂事务的能力,也培养了他们的组织管理能力、合作能力等。更重要的是,通过大学生社团的活动,不少大学生不仅学会了如何处理各种人际关系,还为自己积累了不少人脉,为自己的就业、创业打下良好基础,减轻了就业的心理压力。同时,还有许多大学生社团与社会公益福利事业联系紧密,通过这些社会服务也可加深大学生对社会的全面了解和认识,为大学生从单纯的象牙塔走入复杂的社会奠定了良好的心理基础。

4. 专业的心理健康教育社团可以直接帮助大学生提升心理健康水平

许多大学都有类似于大学生心理健康协会、大学生心语协会、大学生心灵港湾等的大学生社团,名称虽各有不同,但宗旨基本相似,即促进大学生的心理健康。与大学里设置的心理咨询中心相比,这些社团由于开展的团体活动多、参与人数多而易于被普通同学接受,并且许多同学在参与协会开展的活动时,不用担心被别的同学知道,也不会对自己产生"心理有问题"的怀疑。这类大学生社团在协助学校宣传普及心理健康知识、开展普及性的心理健康教育活动方面有着重要作用。

5. 大学生社团具有心理治疗的辅助功能

来自大学的心理咨询实践表明,大学生容易出现的心理问题有焦虑、抑郁、强迫、偏执和敌意等,但并不是每一例都需要入院治疗,这些问题可能是短时的、特殊情况下才发生的,采取其他方式缓解可能更为有效。已有研究表明,"运动锻炼可以提高抑郁症患者血液中神经递质的含量,大脑中胺代谢水平的提高引起积极的心理效应;体育舞蹈可以降低抑郁、紧张和焦虑水平,使大学生的情绪状态、强迫、敌对、偏执等得到改善;音乐对神经衰弱、失眠、紧张、焦虑、恐惧、抑郁等心理症状有良好的治疗效果;公益性质的志愿活动对人格障碍中的偏执和敌意具有类似于治疗的效果"[1]。因此,适当引导大学生参加体育、文艺、公益类社团,对其心理有较好的辅助治疗作用,也易于为他们所接受。

【案例 4-6】

魔术的"魔力"[2]

幻特嘻魔术协会与其他艺术类大学生社团的不同之处在于,绝大多数大学生在加入魔术协会之前,对于魔术表演是零基础,不像有的社团中,有些同学学习某种乐器可能已超过 10 年。在一个起点相同的社团中,学生不会因为自己比别人差太多而产生自卑心理,甚至一些看起来没有任何优势的学生在这里也会得到平等的对待与同等的发展机会。因此,幻特嘻魔术协会在将魔术的快乐带给他人的时候,也带给了魔术表演者们快乐和自信,帮助他们自我愉悦。

魔术的最终表现形式是上台表演,这对表演者的自信心和心理承受压力是有较高要求的,这也要求魔术协会成员们的心理素质必须经得起失败和挫折的考验,因而魔术协会也将提高成员心理承受能力作为社团的价值目标之一。幻特嘻魔术协会有一项固定的社团活动叫"街头魔术秀"。协会的管理制度规定,每一名成员在一学期内至少有一次走上街头为陌生的路人表演魔术的机会,当然,表演的时候会有理事会成员从旁协助和督导。这是一项对成员心理素质进行全面考

---

[1]　张智昱. 高校学生社团的心理健康教育功能[J]. 社会科学家,2010(11):65-66.
[2]　摘自笔者 2012 年在 H 大学的访谈记录。

验的活动。表演者在具备表演魔术能力的基础上,首先要有充分的自信,克服紧张心理,能在陌生人面前展示自己;其次要有被人拒绝的心理准备,不是所有的路人都愿意驻足来观看你的表演;还要有承受失败的心理准备,对于初学者来说,魔术表演的成功率本就不是太高,在紧张的情况下,表演穿帮偶有发生,对于这种突发情况也应有所预计和准备。

小刘是协会里迄今为止得奖最多、奖项最高的成员,他获得过中国杭州国际魔术节银奖、长三角地区金手杖魔术大会优秀表演奖、上海国际青年邀请赛银奖、亚洲大学生魔术大赛季军等。初入魔术协会的小刘并不出众,在协会的相当长一段时间内,他技术不过硬、外表不出众,人际关系也不是太好,甚至时常受到排挤。但他凭着对魔术的喜爱,埋头苦学,一步步地走进魔术的世界。从第一次街头魔术秀表演成功到为班级同学表演,再到登上学院、学校各种文艺活动的舞台,小刘用了近两年的时间。但就是在这两年时间里,他得到的提高不仅是魔术,更是心理上的成熟,诚如他自己所说:"魔术表演可以改变人的性格,因为魔术,我变得更加开朗和自信。"一次次的经历和一路坚持,让青涩、幼稚的他在时间的匆匆中成长、成熟,也正是心理的成熟造就他后来在魔术道路上的辉煌。

绝大多数大学生在加入社团后心理会较之前成熟许多,比如在适应性方面、在人际交往方面、在自信心的建立方面,经过社团磨砺的大学生通常比其他学生要好。大学生在社团中找到了完善自己、发展自己、改变自己的场所,社团也为大学生提供了敞开胸怀、宣泄感情的途径。

二、大学生社团价值目标实现的意义

价值目标的实现即使大学生社团的价值得以体现,是大学生社团价值关系中最有价值的部分。具体来看,大学生社团价值目标的实现主要有以下三方面的意义。

(一)促进了大学生的全面发展

随着我国高等教育步入大众化阶段,面对日益加剧的社会竞争,全面发展是每一个大学生的渴望。对长期埋头于书本理论知识的大学生来说,参加具有极强实践性和社会性的社团活动,是一个锻炼个人能力的极好的机会。大学生社团价值目标的实现对促进大学生全面发展的意义可以从以下几个方面来看。

首先,拓展了大学生的视野。从大学生社团的主体特征来看,来自不同年级、专业、班级的大学生,因为有着共同的兴趣爱好而加入同一个社团。不论在何种类型的大学生社团中,只要积极参与其中,不论你是有特长、有技艺还是想交流、想学习,都能找到展示自我的舞台、切磋比试的对手、互通心曲的朋友或相互请教的同辈。这种不同班级同学的相互影响、不同专业同学的相互交流不仅扩大了大学生的人际交往范围和知识视野,还能形成良好的学习氛围。

其次,满足了大学生的不同需要。"学生社团之所以得到广大同学的拥护和支持,正是她从各个方面为学生成长成才搭建了舞台,从不同的侧面代表了不同学生群体的利益要求。"①上大学之后,随着自主支配时间的增多,除了学习外,大学生还有其他需要,如学术探索、文化娱乐、体育活动、志愿服务等需要。不同的大学生社团活动及社团文化可以满足不同大学生的需要,而这些需要对于大学生的自我发展是非常有益的。

再次,全方位提高了大学生的能力。大学生社团活动具有很强的自主性、实践性和社会性,完全不同于课堂与书本。在这种课内外互相联系、理论与实践的联系、学校和社会的联系中,大学生在一次次自主开展的实践活动中锻炼了组织才能和管理能力,培养了协作精神和团队意识,孕育了创新思想和创新精神,甚至还锻炼了受挫能力。

(二)补充了大学的育人体系

大学生社团在大学人才培养过程中的作用是不容置疑的。越来越多的教育研究者和大学师生都认识到,在大学的人才培养过程中,专业教育与非专业教育同等重要。大学生社团作为一种学生组织,不仅吸引了大量的学生参加,还占据了学生大量的时间和精力,在大学非专业教育的环节中有重要地位和作用。大学生社团价值目标的实现对大学育人体系的补充促进作用可以从以下几个方面来看。

首先是有利于弥补专业教育的狭窄缺陷。我国的高等教育是按照细分后的单一专业来进行的,专业化的高等教育为我国的经济社会建设培养了大批人才。但专业教育是无法满足个人成才发展需要的,教育的最终目的是使人获得自由而全面的发展,既然专业教育提供不了全面、可供大学生选择的学习自由和内容,大学当然要在其他方面予以弥补。大学生社团是基于大学生兴趣爱好自发组成的团体,是大学生在自由自愿的基础上选择的组织,有利于其学习积极性与主动性的发挥。大学生社团的存在与发展,为众多大学生提供了专业外学习的平台与机

---

① 陈曦,石新明.丰富自我教育渠道引导学生社团发展[J].中国高等教育,2005(23),16-17.

会,使其完善了自身的知识结构并获得全面发展。

其次是有利于促进人格的完善。大学育人的根本目的是培养人,人的培养重在对人的全面的、健全的人格进行培养和塑造。人格培养是隐性的、缓慢的、渗透式的系统工程,它不是通过一本书、一门课、一位教师和一件事情就可完成的。大学生社团的活动丰富、形式多样,人格的教育与培养往往在这些实践活动中不经意地渗透了。一群年轻人聚集在一起总是洋溢着青春的活力与朝气,充满正能量,这对培养大学生健康向上的精神面貌极有帮助。同时,社团活动过程既涉及集体又涉及个人,活动内容既可自由选择也有相应约束,大学生参与这些活动的时候面临选择与被选择,被他人影响又影响着他人,这也是其正向道德品质与个人魅力形成的重要过程。

再次是有利于提供社会化教育的机会。与中学相比,尽管大学已有"小社会"之称,但比起真正的社会还是有较大差距,但大学生终究是要走出校园踏入社会的,大学有责任把大学生培养成为独立成熟的社会人。大学生社团为大学生提供了独特的场所,让他们可以更真实地模拟社会化生活。大学生社团生活中的方方面面,如社团的组织、运作,成员的自觉、自律,成员间的互相影响、关系协调,与外界的交流、沟通,无一不加快了大学生的社会化步伐。

(三)丰富了大学校园文化

在许多人的理解中,大学生社团就等同于校园文化。这种说法虽然是片面的,但也说明了大学生社团在校园文化中的重要地位。一般认为,大学校园文化是由物质文化、精神文化和制度文化共同构成的,也有学者认为除此三种文化以外,还有一种行为文化交织在其中。物质文化是外在的、显现的;精神文化是内在的、隐性的;制度文化是一种保障的机制;而行为文化则是一所大学价值追求的外在表现形式,是通过教育活动与学生活动反映出来的文化形态。因此,大学生广泛参加的社团活动自然成为大学校园文化重要的组成部分与表现形式。大学生社团价值目标的实现对大学校园文化建设的促进作用可以从以下几个方面来看。

首先是有利于形成和谐的育人环境。随着大学的改革,许多原来的教育管理模式已不能适应新的教育改革。大学生社团在任何时候都是一种相对松散的组织,组织的凝聚力完全依靠成员共同的爱好和共同的利益需求,并通过大量的活动使成员在兴趣、需要、价值观和活动目标等方面形成高度的一致性、认同性,进而对社团成员产生影响,实现成员的自我管理、自我教育,促进校园的和谐稳定。

　　其次是有利于弘扬优秀的传统文化。传承文化是大学的责任,大学校园文化建设要植根于深厚的中华优秀传统文化之中,大学也有责任将中华民族特有的精神气质与文化追求融入大学生社团活动中,用优秀的传统文化来陶冶学生的心境。因此,大学应经常性地开展高雅文化进校园、艺术教育、中外经典名曲欣赏等活动,把学生吸引到健康发展的道路上来,引导他们培养健康、积极向上的精神风貌,同时也有助于继承和弘扬优秀的道德文化和校园精神。

第五章

大学生社团的价值矛盾及其影响因素

事物本身包含的既对立又统一的关系叫作矛盾。矛盾普遍存在于事物之中，价值之中当然也存在矛盾，比如不同价值体系的矛盾、同一价值体系中不同价值观念的矛盾、价值观念转变过程中的矛盾。本章所讨论的价值矛盾，是不同价值主体间价值取向的矛盾，也可称为"价值冲突"。价值取向指的是一定主体基于自己的价值观在面对或处理各种矛盾、冲突、关系时所持有的基本价值立场、价值态度以及所表现出来的基本价值选择。从本质上看，价值冲突是不同主体间利益的冲突，它包括集合主体内部各个层面的价值矛盾、不同主体的不同需求之间的矛盾、单个主体不同需求之间的矛盾、单个主体素质能力与实现自身某一价值的需要之间的矛盾。本章从大学生社团的主要价值矛盾入手，分析其价值矛盾与冲突的原因、表现形式及对大学生社团的影响。

第一节 价值矛盾解析

作为一种组织体系，大学生社团既要平衡大学生社团与其他社团、与大学及其他外部相关者之间的复杂关系，也要平衡大学生社团内部各价值主体之间的复杂关系。大学生社团多元价值主体的需求具有明显的差异性，所以，不可避免地存在需求矛盾。这种需求矛盾在价值领域的表现就是价值矛盾。

一、价值矛盾

价值矛盾，从形式上看，是不同价值主体的取向矛盾或价值观念的对立，但实际上是不同价值主体的需求矛盾或冲突。它是由于一定的价值选择只能满足一定的价值主体需求，而未满足其他价值主体的需求或对其他价值主体的利益造成损害而形成的。

价值矛盾源于人类的意识。人是自己的主人和建筑师，必须依靠自己的努力来解决那些专属于自己的问题，其不仅可以而且必须要有创造性。由于人们所处社会环境的不同和个性的差异，他们的意识能达到的高度也是不一样的，于是具有不同意识高度的人就会出现矛盾。比如争论激烈的"读书无用论"就是典型的因不同的人意识不一样、价值观不一样而出现的价值矛盾。在研究价值矛盾的时候,有一些客观存在的情况是必须要注意的。首先,价值矛盾不是绝对的,也不是一成不变的。因为任何人的价值体系并非都是完全合理的,犯错误是不可避免的。与此同时,随着人的成长,这些价值体系又可能会发生改变,此时认同的价值体系,彼时可能被完全推翻。同理,此时的矛盾可能在彼时不成为矛盾,因此,价值矛盾的双方并无绝对对错之分。其次,价值矛盾化解的过程是艰难的。化解价值矛盾,就是要用自己的价值体系来改造世界、改造他人的过程,这种过程因为要将"自己的思想装进他人的头脑"而艰难无比。再次,要正视当今世界上一直存在着的两种价值体系,即资本主义价值体系和社会主义价值体系,这两大体系具有相对的独立性、稳定性,成为被普遍遵守的价值准则。

价值矛盾是价值主体间的需求矛盾,也是主体间利益的不均与争执。通俗地说,利益就是人们认为对自己有好处的事物,当然,不同的主体在不同的环境和不同的时间下,对"好处"的理解和标准是不一样的,因为每个人的思想意识是不一样的。能满足人类自身欲望的物质和各种精神需求产品,也可以称为利益,比如钱、权、名、色。利益依附欲望而生,而人的基因确定了欲望的存在,组成社会的基本元素是人,就不可避免地出现了阶级、既得利益者、阶级矛盾、政治、战争……社会关系显然就是利益关系。但世界上的资源是有限的,人的需求却是无限的,不论是精神的还是物质的,人的需求无法都得到满足,人与人之间的利益冲突、需求矛盾无时不在,反映到价值层面就使价值矛盾无处不在。

价值矛盾也是价值主体的观念冲突。关于价值观念,李德顺认为,"作为人类特有的一种精神形态,它是指人们关于基本价值的信念、信仰、理想系统"[①]。它是人们价值生活的真实反映,并能成为人们内心深处价值评价的标准。主体的价值意识在思维、观念上具有社会共同方式,就会成为价值观念。价值观念因人而异,是具体的、多样的,有明确的价值主体。世界上不存在无主体、抽象化、单一化的普遍价值观,任何主体的社会存在、生活经历、待人接物等都会反映该主体的价值观念,每个价值主体的价值观念都具有明显的个体特征。与此同时,如果主体间在生活环境、社会地位、物质基础、生活经历等方面有相似之处,则他们之间的价值观念可能会有相同之处,如果没有,则其价值观念必然不同,冲突在所难免。

---

① 李德顺. 价值论(第 2 版)[M]. 北京:中国人民大学出版社,2007:199.

综上所述,价值矛盾实质上就是价值主体间的需求矛盾和价值观念的冲突,其普遍存在于各种价值关系中。

二、大学生社团价值矛盾存在的必然性

大学生社团的价值矛盾主要是存在于大学生社团不同价值主体间的需求矛盾和价值观念的冲突。大学生社团价值矛盾的背后是不同价值主体之间的需求矛盾、观念冲突,也包括利益冲突。而大学生社团本就是一个开放的组织,其价值主体群庞大,不同的价值主体存在不同的价值需求,因此大学生社团的价值矛盾必然存在。

大学生社团的需求矛盾,是大学生社团不同价值主体或主体内部之间的需求矛盾。具体而言,它既表现为大学生社团内部相关者,即社团成员与成员之间、成员自身的需求矛盾,也表现为大学生社团与外部相关者,即与大学管理者、大学、社会及政府之间的矛盾,还表现为大学生社团间的矛盾等。作为大学与高等教育发展和变迁的必然产物,大学生社团在发展中始终、普遍存在价值矛盾。

首先,从大学生社团发展的历史来看,其价值矛盾始终存在。作为一种有别于正式大学教育组织的组织,不论中外,大学生社团从产生之日起就有了价值矛盾。这是因为,大学生社团在起源、产生、发展和变迁过程中,与其内外部利益相关者在需求上存在着明显差异,并逐步产生了程度不同的需求矛盾,同时也产生了不同的价值追求与价值取向。这些不同的需求矛盾和价值追求不但反作用于大学生社团,而且还随着社会与高等教育的发展而处于不断的变化、发展过程中。因此,在不同的历史时期,大学生社团的价值矛盾不仅存在,而且还呈现为不同的形式,且随着历史的演变而变化。

其次,从大学的整体结构来看,大学生社团的价值矛盾也普遍存在。人类社会生活本身就是具有多种矛盾冲突的大集合体,人与自然的矛盾、生产力与生产关系的矛盾、社会发展与环境保护的矛盾等无处不在。社会中的各种矛盾理所当然地会影响到社会中的个人、集体,并表现为不同的人、不同阶层、不同集团之间在观念、利益、选择、行为上的多种价值冲突。大学作为一个小社会,自然也存在着各种矛盾,比如规模与质量、体制与自由、约束与独立,既有宏观层面的矛盾,也有微观层面的冲突,既有大学与外部政府、社会等的矛盾,也有大学内部师生之间的冲突。因此,只要大学存在,大学生社团的价值矛盾就不可避免。

再次,从价值主体的角度来看,不同价值主体必然存在差异性,不同价值主体有不同的行为选择,其实就是他们在利益或观念有矛盾,即价值矛盾。大学生社

团的价值主体是多元的,多元价值主体对同一问题的需求、认识必然存在程度不同的区别和分歧,也势必存在矛盾。即便是一元主体,其内在需求也会有对立的时候,加之对大学生社团、对自身的认识也会变化,因此也存在矛盾。所以在一般情况下,主体只能选择一个主要的需求,放弃其他一些需求,而这也是一种矛盾。

第二节　大学生社团的具体价值矛盾

大学生社团作为大学里的一种学生组织,离不开大学生的支持。想取得大学生的支持,就要想办法满足大学生的需求。与此同时,大学生社团作为一种自带社团文化的学生组织,不论是社团成员还是社团,都有自己的价值观念,而其价值观念一般存在一定的差异,并且这种差异会随着大学生社团的价值矛盾发展而更为明显。因此,大学生社团的价值矛盾主要表现为两个方面:一是大学生社团的价值主体矛盾,二是大学生社团的价值观念冲突。

一、大学生社团的价值主体矛盾

大学生社团的价值主体矛盾主要表现为价值主体的价值需求冲突。这种价值需求,是价值主体对大学生社团存在和发展的认识、追求或期望,是以主体需求为基本尺度的。从大学生社团价值主体的需求来看,大学生社团的价值矛盾来源于价值主体的多元性。"每一个主体都有一套自己的价值坐标体系,不同的主体之间在价值关系上不可能彼此等同、重合或代替"[1],这是价值关系中不可避免的。

(一)大学生社团一元价值主体内部的矛盾

这里分析的一元价值主体是指大学生个体。对于一元价值主体来说,即使是同一个人,在大学生社团发展的不同阶段,其价值需求和取向也可能是不同的。大学生社团成员自身的价值矛盾可以看作单个主体的素质能力与实现自身某一价值的需要之间的矛盾。其原因有二:一是主体的素质能力不足以实现主体的价值追求,二是主体的价值需求发生变化。当主体的素质能力并不能实现自身某一价值需要时,就会对自身价值取向产生动摇;当主体的生理、心理不断成长与变化

---

[1]　李德顺.价值论(第2版)[M].北京:中国人民大学出版社,2007:107.

时,其需求和价值取向也会随之而变,主体有可能会对之前的价值取向产生怀疑和否定。这种怀疑、否定和动摇都是造成主体价值矛盾的根源。

1. 理想与现实

不论在哪个领域,理想与现实的矛盾和冲突从未停歇。理想是对未来的想象和希望,是对美好未来的设想,也是人类前进的动力源泉。人类有了理想,世界才能不断进步。对于大学生社团的成员来说,他们加入社团必定是抱有一定的理想的,有了理想,在社团里才会有方向,奋斗才有目标。现实是客观存在的事物和合乎客观的情况。其实,对个体来说,任何时候都不能忽视现实的存在,理想是一种思想观念,现实是一种客观实在,当理想和现实发生冲突时,是选择坚持理想还是选择向现实妥协,对于个体来说,总是令人纠结和矛盾。

人们常说,理想总是美好的,现实总是残酷的,理想与现实是一对有着对立统一关系的矛盾。它们的对立表现为理想与现实的主观与客观、完美与缺陷、未来与现在等;它们的统一表现为现实中包含着理想,并拥有实现理想的可能条件与诸多因素,而与此同时,理想是由现实而来,包含着现实的各种因素,并且可能会变成新的现实。理想与现实既有矛盾冲突,也有相一致的方面,二者相伴共存。

对于大学生社团成员来说,在个人目标的实现过程中,理想与现实往往容易产生矛盾。许多人是怀揣着梦想而加入社团的,这个梦想可能是让自己受人瞩目,可能是使自己才华横溢,也可能是想成就一番事业,还可能是广交朋友、锤炼能力。然而,梦想不一定都能成真,在现实面前,有时就算付出再多心血与努力(有主观原因也有客观原因),也是枉然。是坚守自己内心的那份理想,即使头破血流也要往前冲,还是屈服于现实,放弃梦想的追求,作为个体的社团成员经常会陷入两难的境地。

在笔者对大学生社团的问卷调查中,在回答"如果考虑要退出或是已经退出社团,你觉得最主要的原因是什么"时,有70%以上的人选择了"社团活动与期望相差太远"。这说明,理想与现实之间的矛盾确实存在,并且直接影响了大学生社团成员的选择。

2. 权力与责任

权力与责任一直是如影相随的。权力是一个政治学的概念,从宏观上看是个体对整体的控制力,从微观上看是个体对自身的控制力。"人为了更好地生存与发展,必须有效地建立各种社会关系,并充分地利用各种价值资源,这就需要人对自己的价值资源和他人的价值资源进行有效的影响和制约，这就是权力的根本目的。"①大学生社团中有些个体是拥有权力的，比如社团负责人和管理人员拥有的权力使得他们可以更多地利用大学生社团的资源，来更好地达到自己的目标。拥有权力的大学生社团负责人或管理人员，同时也承担着组织和管理社团的责任，在利用权力对社团其他成员施加影响的时候，也必须对其他个体负责。

权力与责任是对等的，拥有多大的权力，就必须担负多大的责任。在权力与责任对等均衡的情况下，它们安存于个体当中，并无矛盾。一方面，权力以责任的存在为前提，缺失责任的权力就会异化变质为执掌权力者谋取私利的工具；另一方面，责任以权力的相随为条件，没有权力，责任也就无法实现和完成。因此，权力的本质就是责任，没有无权力的责任，也没有无责任的权力，权力与责任缺一不可。但权力有两面性，用好了、控制好了是福，一旦没用好、没控制好则危害无穷。个体在拥有权力并使用权力之后，尤其是当使用权力为自己带来实际利益后，常常会忘记或有意忽视权力是他人所赋予的，是需要承担责任的。

权力的本质是在集体中能支配公共价值资源的一种资格，而这种资格一般会赋予集体中享有领导地位的人（个人或领导团体）。在大学生社团里，拥有权力的个体成员得到的价值资源更多，他们也可以凭自己的意愿去支配和使用这些资源。但是，利用比其他人更加优越的条件是为自己服务还是为他人服务？此时，个体的不同的选择会有不同的结果。选择为自己服务可能会丧失人心、丧失权力；选择承担责任则意味着优先考虑所有人的发展，个人的发展可能会延缓。

权力和责任使大学生社团成员自身产生了冲突，不可避免地形成了价值矛盾，促使个体进行选择与取舍。

（二）大学生社团多元价值主体间的矛盾

大学生社团成员间的矛盾可以看作多元主体之间不同需求和不同价值取向的矛盾。问卷调查得知，不同的社团成员基于自身差异和加入社团动机的区别，对自己在大学生社团中的发展定位是不同的，这也表明他们对大学生社团的价值取向是不同的。大学生社团成员的发展定位是多样的，他们的价值取向也是多样的。这种多样的价值取向既彼此包容，也彼此冲突。

多元价值主体间的矛盾在大学生社团价值主体矛盾中最为突出，也最为普遍，广泛存于各个大学生社团当中。本节以 H 大学的幻特嘻魔术协会为例，详

---

① 李菁怡. 关于权力腐败的几点社会学思考[J]. 中共南京市委党校学报,2010(4):45-48.

细阐述多元价值主体间的矛盾。

1. 积极与散漫

积极与散漫是大学生社团成员表现出来的两种价值态度,即作为个体的大学生在社团中的发展心态。积极的含义是肯定的、正面的、进取的、热心的。在大学生社团中,积极是那些努力进取的社团成员的价值取向。这些成员希望个人能有所进步,也希望社团能发展得更好,因而他们积极参与社团活动并主动为社团的发展出谋划策。散漫的含义有四种:①弥漫四散,遍布;②零星,零碎;③无拘无束,任意随便;④注意力分散,不专心。在大学生社团中,散漫是那些随波逐流、不守纪律、对自己及社团的发展抱着无所谓态度的社团成员的价值取向。这部分成员加入社团的目的性不强,不在乎自身在社团中的发展,更不理会大学生社团的发展,因而常常是报名后再难见他们的踪影,对社团活动想去就去、想走就走。

从词义上看,积极和散漫并不互为反义词,也就是说二者并不完全对立,但在这里可以把它们看作表征状态的范畴,反映的是主体之间因不同的选择而导致的状态表象不同。从本质上看,积极是由主体的主观能动性带来的,它不仅能反映主体状态,也能给他人带来正面影响,具有传递性;散漫是由于主体没有利用主观能动性而造成的,它不仅是主体自身的感受,也会给他人带来负面影响,同样具有传递性。积极和散漫是大学生社团成员中普遍存在的现象,二者之间时有冲突,但也互相转换,这取决于主体的选择。

追溯这两种价值态度的起源,与个体自身状况和加入社团的动机不无关系。从自身状况来说,主体的价值取向与其学科专业、家庭背景、经济状况、性格相关,并且没有太多规律可循。从加入动机来说,越是由于高级需求而加入社团的大学生,其价值取向越是积极;越是由于低级需求而加入社团的大学生,其价值取向为散漫的可能性较大。在大学生社团当中,积极和散漫的成员的表现是不同的,尤其是在参与大学生社团活动的时候和对待大学生社团的发展问题上。

2. 保守与创新

保守与创新是大学生社团成员的两种不同价值选择,在大学生社团活动中它们之间经常会产生矛盾。保守的意为:保存守护;保护、保藏;守旧;维持原状,不想改变或改进。在大学生社团中,保守的成员一般希望社团能按部就班地在原有状态下发展(包括对个人的期望也是如此),能维持和稳定现有的社团组织、社团结构、社团活动和社团文化就可以了,并不愿意有太多改变。创新的意思指:抛开旧的，创造新的；改变，改革。在大学生社团里，有些人总会有数不清的新点子，并且热衷于用这些新点子来改变现有的社团生活，小到社团的宣传海报，大到社团的经典活动，他们都想创新、想改变。

保守与创新是相对的概念。一般来说，保守代表守旧、过时、抵制新事物，创新则代表新鲜、时髦、接纳新事物。但要说明的是，这里所讨论的"保守"与"创新"，既非褒义，也不是贬义，不论大学生社团成员选择保守还是创新，都不能简单地判断他们价值取向的对错。因为，保守的价值取向并不代表完全的墨守成规和一成不变，它也有脚踏实地和稳中慢进的一面；同样，创新的价值取向也可能有不切实际、好高骛远的一面。

保守与创新的价值取向与大学生社团成员自身的状况有密切关系，尤其与个体的性格有不可割裂的关系。有的人天生胆小谨慎，而有的人却天生拥有一股闯劲，总有许多新点子，不论做什么事都不喜欢按原来的方式、方法。这种与个体密切相关的性格特征，使大学生社团成员的价值取向沿袭原来的惯性选择保守或是创新。需要特别说明的是，与表现散漫的社团成员不同，不论是选择创新还是选择保守的社团成员，都是积极关心社团发展的成员，并且一般都是社团的骨干成员。

在幻特嘻魔术协会中，一部分成员对社团发展壮大的愿望特别强烈，想对幻特嘻魔术协会进行大幅改革与创新，增加大量社团日常活动并修改相应的社团管理规定；另外一部分成员则倾向于沿袭原有的管理模式与社团活动。选择创新的成员常常会认为选择保守的成员墨守成规、一成不变，选择保守的成员常常会认为选择创新的成员好高骛远、不切实际。选择创新或保守也表现出不同社团成员对幻特嘻魔术协会的认同度是不同的，认同度高的成员在社团发展的问题上多半选择了保守，认同度低的成员则更趋向于选择创新。从幻特嘻魔术协会发展的大局来看，创新和保守应该适度兼顾，都必须考虑。创新是需要成本的，也伴随着许多未知风险，创新的结果还有可能不如原来，而保守地沿袭一般能保证结果不会次于原来，并且也无须增加额外的成本。这种情况下，选择创新与选择保守的成员就必然产生激烈的矛盾。第三届幻特嘻魔术协会就因为增加"街头魔术秀"这一活动，使得持不同意见的社团成员产生了较大矛盾。

创新与保守是大学生社团成员两种不同的价值选择，在决定社团的发展问题时，选择创新或选择保守造成了社团成员间最大的矛盾分歧。在大学生社团之中，选择保守的成员会极力维护社团原有的模式，谨慎对待甚至反对一切想要改变社团现状的人和事;而选择创新的成员则想要打破社团原有的模式,以开放的心态接纳一切有可能改变社团现状的人和事。因此,拥有两种不同价值取向的成员必然会产生价值矛盾。

3. 合作与独处

合作与独处也是大学生社团成员不同的价值选择,它们之间本应该没有矛盾,但有时由于进行了不同价值选择的主体因为不能理解彼此也会产生矛盾。合作就是个人与个人、群体与群体之间为达到共同目的而相互配合的一种联合行动或方式。大学生社团作为学生团体组织,势必会有很多事情是需要社团成员互相配合完成的,因此,合作是大多数社团成员必需的选择。独处有独居、一个人单独生活的意思,同时,独处也是一种处世的态度,是一种身心的自我调整。独处不是孤僻,不是孤独,可以把它看作一种爱好、一种艺术或一种能力。有些大学生喜欢独处,愿意静静地看着别人,默默地想着自己,一个人静静地思考和成长,这在喧闹的大学生社团中会显得格格不入。并且,由于选择独处的成员往往不与他人合作,会使人质疑他们有无必要加入大学生社团。

但从某些方面来说,合作与独处不仅不对立,还可以共存于同一主体当中,只是在不同的时候表现出来而已。一般来说,社会发展到今天,人与人之间的关系越来越密切,社会事件越来越复杂,做任何事情都不可能单兵独战,只有在人与人合作的基础上,才能克服艰难险阻,因此合作的精神与能力显得更为可贵。大学生社团本身就是一个团体,团体中的人需要互相协作才能得到更好的发展。有些大学生社团成员喜欢独处,当然这并不代表他们不想得到发展,只是他们选择的是独自发展,不需要别人的帮助,也不主动帮助别人。这在团体中当然是不被提倡和认可的。

大学生社团成员合作与独处的价值选择与个体自身状况及加入社团的动机都有关系。如果说合作和独处都是一种能力,那么有些成员在加入社团之前就拥有或缺少了这种能力,这就直接导致他最终的选择。有些成员加入社团时的目的性很强,就是与社团共同发展、一起成长,因此必然会选择合作;而有些成员加入社团时只想自己能得到一定的提高,不想和社团中的其他人产生太多联系,于是其会选择独处。一般情况下,选择合作和选择独处的成员因为不会有太多的交集,因而也不会产生矛盾。但实际上,选择合作的成员会因为一些成员选择独处造成自己工作上的困难而认为选择独处的人是"自私"的人,导致在社团活动中排斥他们,继而产生矛盾。

幻特嘻魔术协会非常注重成员间的合作。首先,许多社团事务是需要大家共同协作才能完成的。其次,魔术表演最讲究配合,哪怕是最优秀的魔术师都离不开得力的助手。幻特嘻魔术协会的大多数成员能互相合作,但也有些成员无法与其他成员合作,原因主要有两方面:一是当他们的想法与其他成员不一致而自己又不愿意改变时,想合作是很难的;二是他们习惯独处,不喜与他人合作。幻特嘻魔术协会经常会举行大型表演秀活动,需要全社团成员共同合作完成。服从协会指挥,各人负责事项由协会理事会统一安排决定,才能保证有效率地完成活动。一般来说,大多数成员是能按照理事会的布置合作完成工作的,但也有少数成员由于意见不同而不合作。

合作与独处是大学生社团成员两种不同的价值选择。一般来说,两种选择并不是对立、矛盾的,但有时主体因为不同的价值选择而不能互相理解,在具体事情上会产生矛盾,最终导致不同的发展方向。

二、大学生社团的价值观念冲突

大学生社团的价值主体是不同的个体和个体的集合,其存在形态、生活方式、地位、需要、利益和经历各不相同,因而不同价值主体的价值观念势必不同,有些观念甚至在某种程度上是对立的。

"随着我国改革开放的不断深入和全球经济一体化的不断发展,国内外的价值观念相互渗透、相互摩擦、相互冲突,价值取向趋于多元化发展的局面。"[①]21世纪的大学生生活在这种多元化的社会环境中,各种新潮观点冲击着他们的思想,各种高科技激发着他们的求知欲,他们个性鲜明、想法新颖,但有时对价值观念缺乏正确的判断,不同价值观念的冲突时有发生,这直接导致了大学生社团价值观念的冲突。

(一)多种价值观念并存引发大学生社团的价值观念冲突

有人将价值观念冲突理解为价值观念的矛盾,也有人认为"价值观念格局由单一向多元或者由旧多元向新多元的转变中,价值观念领域中存在的多元价值观念的冲突日益明显和增加,并且产生了正面的积极效应和负面的消极效应,由于价值观念的方向性特征,又由于主导的核心价值标准和价值理想的缺位,在价值

① 张文仙,左光敏. 多元价值取向下学生社团的引领创新[J]. 江西社会科学,2014(12):252-256.

观念多元的状态下，必然形成各种价值观念之间的摩擦、对立和冲突，总称价值观念冲突"①。大学生社团多元价值主体存在的多种价值观念，很容易引起价值观念的冲突，也就是本书所指的大学生社团的价值冲突。大学生社团的价值冲突产生的原因主要有以下方面。

第一，价值观念之间的相互否定和相互竞争引起的价值冲突。不同的价值观念之间会相互选择与放弃、认同与排斥、肯定与否定，选择一种价值观念势必就要放弃一种，认同一种势必就要排斥一种，肯定一种势必就要否定一种，价值观念就产生了冲突。比如，在大学生社团中，个人和集体的矛盾相对突出，就是由于对个人和集体的认识区别导致个人主义与集体主义的相互否定，从而引起价值冲突。

第二，不同价值观念作用于同一件事情时会产生冲突。由于认识程度的不一样，拥有不同价值观念的主体在对待或处理同一件事情时，其结果是大不相同的，或许还可能产生冲突，这其实也是两种价值观念的冲突。比如在对待大学生社团活动的问题上，理想主义者和现实主义者的想法就不尽相同。理想主义者更倾向于参加社团活动，将为社团付出作为社团成员的义务，参加大学生社团的目的就是为了实现自己对大学生社团的理想和期望；而现实主义者则客观冷静地看待社团活动，想得更多的是如何能从大学生社团中获得自己想要的，认为这是自己的一种权利。这也是因不同价值观念引进的价值冲突。

第三，不同价值观念产生不同评价标准体系的冲突。从一定意义上说，价值观念之所以重要，就在于其对人的思想、感情、言论、行动起着普遍的整合和驱动作用。而这一功能构成了人们内心深处的评价标准体系。任何关于价值的信念、信仰和理想，一旦在人们脑海中形成，就成为一个标准，这个标准被个人用来评价事物、权衡得失、判定褒贬、决定取舍。显然，不同的人心中的标准是不同的，每个人都会利用自己心中的标准去衡量所面对的人和事物，并会有不同的态度、判断和选择。在对待同一人或事物时，如果这些态度、判断和选择不同，就会产生冲突。

（二）大学生社团价值冲突的表现

大学生社团的价值冲突不但是在社团长期发展的过程中形成的，而且还有复杂的现实表现，并且大学生社团结构及制度上的松散性导致了多种价值观念并存。大学生社团的价值冲突可具体化为以下三对矛盾。

---

① 张强. 当代中国社会转型期的价值观念冲突[D]. 西安：西安建筑科技大学，2006：8.

1. 个人需求与社团发展的冲突

在大学生社团中,有些成员的个人意识强烈,主要表现为社团成员一味追求个人利益,丝毫不考虑他人和集体,或是用个人的需求代替集体的需求,并认为这是理所当然的事情。但大学生社团作为一个团体组织,集体性的要求相对较高,许多自愿加入大学生社团的成员也认同这一观点,他们的价值选择就是集体优先,这与个人主义者的价值观念是截然相反的。因价值主体持有个人主义或集体主义两种不同的价值观念,所以大学生社团的价值冲突时有发生。

但实际上,个人和集体的关系是对立统一的,这是马克思主义对个人和集体的辩证关系的科学概括。个人是指社会关系中的个体人,不同的个体人具有不同的生存方式、才能才华、经济收入、社会地位。集体可以看成是无数个人的集合,最大的集体就是社会。具体来说,集体是基于一定关系、任务、目的或通过某种规则集合起来的个人。集体由个人组成,个人又依赖于集体,集体影响个人,个人又作用于集体,因此二者的关系是对立统一的。

在大学生社团中,社团成员是个人,社团就是由一群有共同志趣的成员结合在一起的集体。如果没有大学生社团,就没有社团成员存在的意义;如果没有社团成员,大学生社团自然也就消失了。

幻特嘻魔术协会的成员在协会中的发展需求有两种:一是学习魔术,成为魔术高手,能上台表演;二是成为懂魔术的社团管理骨干,带领魔术协会走向新的辉煌。从整体来看,魔术协会成员的这些发展需求是与魔术协会整体发展需求相一致的,不仅能使成员在魔术水平上有所提高,还促使整个协会的管理井然有序,发展呈良性循环。这种情况是幻特嘻魔术协会成员个人和协会集体的关系呈现统一的一面,然而,协会成员个人和协会集体之间同时还存在着对立的一面。当协会成员一味追求个人的发展与利益,丝毫不考虑协会和协会其他成员的发展需求和利益时,成员与协会的对立面就凸显出来了。

从小爱好魔术的小安初加入幻特嘻魔术协会时雄心勃勃,一心想在魔术协会里干出一番大事业。初入协会的他由于具备一定的魔术基础,加上对社团的热忱度极高,积极参与社团活动和管理工作,很快就成为社团骨干,还协助其他成员一起负责协会的魔术课堂,协会理事会也有意吸纳他为理事成员。在协助负责魔术课堂的时候,有时候小安可以自己决定培训讲师和培训内容,这时,他常常会挑选他想学习的魔术作为培训内容,而没有考虑到魔术课堂是为了提高大多数协会成员的魔术知识和水平而开设的。由于小安本身有一定的魔术基础,因此他想学习的魔术一般是有一定难度的,对于零基础或刚入门的成员来说难度较大。这种情况发生了两三次之后,魔术课堂上成员的出勤率明显下降,有些成员将这种情况反映给协会理事会后,小安便不能再协助负责魔术课堂的事了。这件事对小安是一次打击,他不认为私自提高魔术课堂的难度是不利于协会发展的,而认为这有利于一部分人包括他自己魔术水平的提高。从他的立场来说,他想提高魔术水平的需求是可以理解的,但他变更魔术课堂培训内容的做法却让协会中大多数人学习魔术的需求未能得到满足,他利用权力以自己的需求代替了协会的需求,矛盾由此必然产生。①

大学生社团的这些需求是代表社团集体的,能代表大多数社团成员的需求。但集体不能完全代表个人,也不能代表所有的个人。比如,有些大学生社团成员认为,不断扩大社团规模会影响社团管理和社团活动的质量,得不偿失;还有些成员会认为,社团本就是自娱自乐的组织,没有必要特意去创建社团品牌,而剥夺了许多普通同学展示才能的机会。也就是说,大学生社团成员与大学生社团的价值需求是不完全相同的,因而也会有不同的价值选择和价值矛盾。

其实,不论是满足个人的需求还是满足社团集体的需求,都是为了大学生社团价值目标的实现。这种个体与集体需求冲突的现象普遍存在,只不过有时候矛盾尖锐突出,有时候矛盾趋于平淡缓和。当个人与集体的需求有冲突和矛盾的时候,集体中的个体如何选择总体上还是取决于个体的价值观念,个体的价值观念与集体的价值观念的契合度会直接影响价值冲突的程度。

2. 大学生社团成员权利与义务的冲突

一般情况下,成员在大学生社团中的权利与义务是并存的,在享受权利的同时也应履行义务,比如成员参加社团活动就是既享有了权利,又履行了义务,不同主体之间形成了默契的平衡。当大学生社团成员过多注重权利的行使而忽略义务的履行时,主体间的平衡关系就会遭到破坏,造成冲突或矛盾。比如,有些社团成员只选择他感兴趣的、对他有帮助的社团活动参加,对其他社团活动不闻不问,只享受社团带给他的好处,却从不为社团的发展出力;相反,有些大学生社团成员则为社团全心付出,不求回报。

权利与义务是相辅相成、不可分割的。权利是指公民依法应享有的权力和利益,或者法律关系主体在法律规定的范围内,为满足其特定的利益而自主享有的

① 摘自笔者2012年在H大学的访谈记录。

权能和利益。义务是指依照身份、地位或职业,由命令或习俗责成的工作、行为、服务或职务,或是在道德或伦理上的一般强制的应尽责任。大学生社团成员在社团中拥有权利和义务,比如拥有参加社团活动、享有社团成果、参与社团管理的权利,也拥有管理社团、组织社团活动、维护社团声誉的义务。大学生社团价值主体的权利和义务可以同时存在,但不能失衡,否则就会产生价值冲突。

每年9月,同其他社团一样,幻特嘻魔术协会会在全校范围内宣传自己并开始招收新成员。为了提高协会的知名度与人气,协会的各项活动频频开展,让人应接不暇。刚开始,不管协会组织什么活动都人气爆棚,成员参加的积极性很高,但随着时间的推移,新成员逐渐产生分化,有些人会一直坚持参加,有些人可能从此杳无音讯,或是在某些协会活动中露个脸,即不支持也不反对协会的活动,根本没有意识到要对协会履行什么义务。当然,出现这种情况是有原因的。笔者在对幻特嘻魔术协会进行调查时发现,经过了最初的"蜜月期"后,有些成员认为协会活动占用了太多时间,影响了自己的学习和其他方面的发展;有些成员对一些协会活动(比如新老成员联谊、魔术讲座)不感兴趣;还有些成员觉得自己水平不高,参加不了街头魔术秀等活动。调查还发现,就算没有参加协会任何活动的成员也会自称是"魔协的人",会在年底协会的聚餐中出现,更会领取幻特嘻魔术协会每年5月的专场演出门票。这些协会成员享受了作为协会成员的权利,满足了自身对社团的价值需求,但却没有履行对协会的义务,也没有满足协会的价值需求,这种主体权利与义务失衡造成的不平等需求关系是矛盾产生的根源。第五届幻特嘻魔术协会规定,凡三次不参加协会活动的成员将自动取消成员资格,但在5月的专场演出中仍有大量被取消资格的成员以曾经缴纳会费为由,要求领取门票。

这种大学生社团成员权利和义务的失衡而造成的矛盾,实际上也是因不同社团成员价值观念与价值选择的不同而造成的。有时候,这种矛盾并不突出,有些还可以随时间、环境的改变而改变,但有些矛盾会引发冲突甚至对立,从而影响大学生社团的发展。

3. 大学制度的规则与大学生社团自由发展的冲突

规则与自由是一对不可调和的矛盾。所谓自由,是指人的言行举止仅受主观意志的支配,而不受任何客体的约束与限制(当然侵犯他人的自由不能称为"自由")。所谓规则,则是指一切限制人类自由的书面或非书面性规范,这里当然不包括自然法则。

大学生社团是自由的,但大学是有规则的,大学生社团当然要遵守大学的规则。首先,大学是国家的大学,是政府的大学,大学代表了国家和政府的意志,有些事是国家和政府规定可以做的,有些事却是不允许做的,这是必须执行的规则;其次,为了便于管理,大学制定了许多针对本校的规则。在我国,大学生社团的成立需要经过大学审批,即不是大学生想成立什么样的社团都可以,要保证大学生社团是在国家允许的范围内。与此同时,虽然大学生社团从产生之日起就是自发组织、自主管理、自由活动的,但大学生社团也有章程。章程虽然是大学生社团自己制定的,但所有社团成员必须遵守。社团的自由发展与大学的规章制度间、成员的自由意识与社团的章程制度间的矛盾,也是价值冲突的表现之一。

第三节　大学生社团价值矛盾的影响因素

大学生社团的价值矛盾主要包括两个方面,即大学生社团的价值主体矛盾和价值观念冲突。影响大学生社团价值矛盾的主要因素是大学生社团价值主体和价值观念的多元化。

一、大学生社团的多元价值主体

价值的多元性,是指"在(并非只有一个主体)一定范围的社会生活中,现实主体的存在是多元的,而每一个主体都有一套自己的价值坐标体系,不同主体之间在价值关系上不可能彼此等同、重合或代替"①。不同价值体系下的价值主体是产生价值矛盾的重要原因之一。

(一)价值主体的冲突

对大学生这个价值主体来说,需求是否得到满足是衡量大学生社团价值是否实现的标准。当然个人的需求也是多样的,会随时间变化而发生改变,也可能相互之间产生矛盾。作为单独的个体来看,社团成员的需求与个人目标的变化和个人角色的转换密切相关。这种源于个体心理中两种不相容的或互相排斥的需求可能引起个体自身的价值冲突。

---

① 李德顺. 价值论(第 2 版)[M]. 北京:中国人民大学出版社,2007:107.

1. 个人目标冲突

人是以群体形态存在于社会当中的,其具体行为必须遵守社会性规范和社会一般准则,但同时也带有个性行为特点。不同的个体追求的价值需要是不同的,因而其价值取向也必然不同,最终的结果是个人目标各不相同。

一般情况下,在大学生社团里,每一位成员都拥有个人目标。个人目标可能会随时间的变化而变化,比如一个大学生刚加入某个社团时只想认识更多的人,时间长了,看到别人的才华和特长后,心生羡慕转而也想学习。这种个人目标的变化自然而然,经常发生。个人目标也可能会根据实际情况而改变,因为个人目标的实现与个人才能、努力程度、外界环境等多方面因素有关,正所谓需要天时、地利、人和,不能实现的个人目标可能会被主体随时调整。在个人目标发生改变的过程中,个人选择一般会发生不自觉的改变,就会出现与个人目标不相符的行为,从而造成个人目标的冲突。

2. 个人角色冲突

在集体中,每个个体都占有或被分配了一个角色,并在这个角色上按照一定的规则和其他个体进行交互活动,构成一定的行为关系。但实际上,个人的角色也不是固定不变的,会随着情景的变化而变换。在集体关系中,不同的个体在扮演不同角色或同一个体在不同角色间变换时,可能会发生冲突,并有角色外冲突、角色间冲突和角色内冲突等形式。两个或两个以上的角色个体之间的冲突称为角色外冲突,同一个体在不同角色间变换时的冲突称为角色间冲突,而同一个体在同一角色内所发生的矛盾称为角色内冲突。这里谈到的个人角色冲突,是针对大学生社团成员的某一行为主体而言的,因此只包括角色间冲突和角色内冲突两种情况。

相比其他大学生,大学生社团成员需要扮演多种角色。在学校,他既是社团人,也是非社团人;在社团之内,不同的社团活动中,他可以是参与者,可以是组织者,还可以是旁观者。根据实际情况的需要,这些角色都是社团成员在不同的关系情景中必须经历的,至于何时充分何种角色,则由他自己选择。针对大学生社团成员的某一主体来说,他所扮演的不同角色之间可能会发生冲突,扮演的同一个角色内部也可能会发生矛盾,这种情况下,角色冲突不可避免地产生了。

(二)价值主体的需求

价值主体的需求决定了大学生社团的价值尺度。"'需要'总是主体(人)的需要,它作为人的'内在尺度'的表征,充分体现着主体(人)的本性和特点。"①从内涵上看,需要是"人的本性",是一种客观的存在,是人作为人之目的与生活目的的展开。

大学生社团成员是不同的单个主体,在大学生社团中的价值需求可能是相同的,也可能是不同的。大学生社团成员,即每个大学生个体,他们的需求要根据主体的自身状况、加入动机来分析。

1. 从大学生社团成员自身状况分析

从大学生社团成员自身状况来分析,除了明显的性别差异外,他们至少有这些不同:学科专业、家庭背景、经济状况、性格特征。

通常情况下,大学生社团的成员是不受学科专业限制的(有特殊专业要求的社团除外)。大学生社团本就是一个具有极大包容性的组织,任何大学生只要愿意就能在这里找到一席之地,但这并不代表不同学科专业的大学生对同一大学生社团的看法、认识、需求和获得是相同的。学科专业的差异决定了大学生的过往教育经历、现在所处的教育环境、思维方式、对同一事物的理解能力都是不同的,比如理工科学生因为逻辑思维较强,会非常清晰地规划好自己在社团中的发展,而文科学生多是随性而至,无太多具体要求。

家庭背景的差异也有很多种,生源地、父母职业、父母学历等都是影响因素。大学生中,有来自东南部发达地区的,有来自西北部欠发达甚至落后地区的;有来自城市的,有来自农村的;有来自知识分子家庭的,有来自非知识分子家庭的;等等。笔者在H大学访谈和调查的过程中发现,大多数社团骨干和活跃分子来自发达地区、城市和知识分子家庭,但社团中来自欠发达地区、农村和非知识分子家庭的成员也大有人在,不过他们的追求目标与前者并不相同,因而表现出来的行为和结果也不一样。

经济状况也就是贫富的差别了,这与家庭背景也有很大关系。据一项调查②得知,贫困大学生参与大学生社团的比例约占大学生社团成员的10%,这就是说参加大学生社团的大部分学生是经济状况尚可的,甚至来自比较富裕的家庭。但即便是只占10%,这些贫困生也是大学生社团的主体之一。高校中贫困生的问题是社会普遍关注的问题,他们的生活、心理、人际、就业等都是高校致力于解决的

① 孙伟平.价值哲学方法论[M].北京:中国社会科学出版社,2008:123-125.
② 吕迎春.贫困大学生社团参与现状调查[J].教育科学,2009,25(2):54-59.

问题。目前来看,集中解决经济问题以保证他们顺利完成学业方面做得好于其他方面,这也是由于其他软性指标不易完成。贫困生参与大学生社团是高校解决贫困生问题的一条重要渠道,是得到学校大力支持的,但贫困生与经济状况较好的同学在参与社团的类型、社团任职、参与程度、参与态度方面都有不同。

自身状况还包括一个因素,就是性格特征。一个人的性格是由先天遗传和后天成长环境所造成的,人人不同,千差万别。心理学家从心理机能、心理活动倾向性、个体独立性等不同层面将人划分为不同的性格类型,如理智型、情感型和意志型,内倾型和外倾型,独立型、顺从型、反抗型。另外,从价值观的层面也可以将人划分为不同的性格类型。海伦·帕玛根据人们不同的核心价值观和注意力焦点及行为习惯,把人的性格分为九种,包括完美型、助人型、成就型、艺术型、理智型、疑惑型、活跃型、领袖型、和平型。由以上性格划分可以看出,性格决定了人的许多选择、追求和处理方式。

事实上,作为个体的大学生的学科专业、家庭背景、经济状况、性格特征等影响自身状况的各因素是互为关系的,比如家庭背景可能会影响经济状况、个人性格可能会影响学科专业的选择。这些不同因素和它们彼此间形成的关联,足以使每一个体都与众不同,因而造成个体的差异。而正是这些差异使即便有相同兴趣爱好的大学生在大学生社团里也呈现出各不相同的追求目标、成长过程和满足感,这也是他们的价值需求和价值取向不同的原因。

2. 从加入动机分析

大学生加入社团的动机多种多样,但归根结底是基于某种需求,这些需求可以根据马斯洛的需求层次理论加以分析,分别是生理需求、安全需求、社交需求、尊重需求和自我实现需求。

生理需求是人类维持自身生存最基本的需求,包括衣、食、住、行等方面的要求。只有这些基本需求得到满足后,个体才会有其他更高层次的需求。大学生作为没有稳定收入和来源的特殊群体,无论有什么样的想法,首先还是要考虑基本的衣、食、学费等问题。这些问题若得不到解决,他们是无法将精力投入大学生社团中去的。

安全需求高于生理需求,包括对人身安全、生活稳定以及免遭痛苦、威胁或疾病等的需要,同生理需求一样属于低级别的需求。许多大学生加入大学生社团,是由于大学生社团能给他们一种安全感,能让他们有一个相对稳定的大学生组织。首先,大学生社团是被学校承认的合法组织,与其他自发组织相比,这是吸引大学生加入的一个主要原因;其次,大学生在参加社团活动时,不用考虑自己的人身安全和财产安全问题,这是一种信任。

社交需求是情感和归属的需求,如对友谊、爱情以及隶属关系的需求,属于较高层次的需求。大学时期是一个重要转折期,在经历了紧张的学习和高考的压力后,许多学生第一次离开父母和家乡,从学习和家人的双重束缚下解放,他们需要独立,渴望与人交往,希望得到他人的注意,但这一切又是他们需要学习的。他们加入大学生社团,渴望在这个组织中获得一种情感上的归属,希望通过与其他成员的交往来扩大自己的交际圈子,更重要的是,他们期待通过在大学生社团中的顺利发展来证明自己的独立,因为这一选择是他们自愿的。

尊重需求既包括对成就、对自我价值实现的个人感觉,也包括他人对自己的认可与尊重,如成就、名声、地位和晋升机会,属于较高层次的需求。有些大学生是基于尊重需求而加入大学生社团的,希望别人能接纳他们,并认可他们的能力和成绩,而选择加入某个适合他们的大学生社团正是展示自己的一个好平台与机会。当然,这个适合的大学生社团一定是与他们所想要呈现的实际形象有关系,是他们能在其中感到自信的地方,比如说一些有特长的学生加入某些需要特长的社团。

自我实现需求是在前面几种需求都能得到满足时才产生的,包括对真、善、美至高人生境界获得的需求,如人的自我实现、潜能的发挥。可以说它是一种衍生性需求,也是人最高层次的需求。达到自我实现境界的人,自觉性提高,善于独立处事,接受自己也接受他人,喜欢不受打扰地独处,能完成与自己的能力相称的一切事情。随着社会竞争越来越激烈,当代大学生越来越意识到素质的重要性,渴望在大学里更快更好地被培养与自我培养,也渴望能够发挥所长、展示自我、超越从前。基于自我实现需求而加入大学生社团的大学生也大有人在,只不过这些学生一开始的需求起点就比别人高,他们加入大学生社团的目的性很强,通过不断努力来发掘自己的潜力,使自己慢慢成为自己所期望的人物,一般后来会成为社团负责人或是骨干分子。

大学生加入社团的动机可能是以上某一种需求,也可能是几种需求的混合。不同需求层次的加入动机,必将导致他们的价值需求的差别。

二、大学生社团的多种价值观念

大学生社团的价值主体包括不同的个体和个体的集合,其存在及生活方式、地位、需要、利益和经历各不相同,因而不同主体的价值观念势必不同,有些甚至在某种程度上是对立的。多种价值观念并存导致了大学生社团价值矛盾的产生。

(一)集体主义与个人主义

集体,是指有组织的群体,具体而言,是指以某种共同目的或任务联系、以一定形式结合在一起的集合体。中国传统价值观念的基本出发点是集体主义,它有两个基本观念:一是从宏观角度来看,集体主义强调集体本位,集体不仅高于一切而且就是一切;二是从集体和个人的关系来看,集体主义强调集体大于个人,甚至没有个人单独存在的价值。中国传统价值观念从集体主义出发,强调每一个社会成员都必须重视个人对家庭、对国家、对民族的责任。大学生生活、成长过程中深受中国传统价值观念的影响,学校教育也强调集体主义,学生的集体主义观念早在中小学阶段就已养成。可以说,集体主义对现代大学生的影响根深蒂固。

但不可否认的是,改革开放以来,西方价值观念对国人尤其是对青年一代的影响日趋明显,其中首当其冲的便是个人主义的彰显。作为西方价值观念的基本出发点,个人主义也有两个基本观念:一是从个人自身来看,它提倡个人本位,突出个人自由和个人权利,宣扬个人独立,提倡个性解放,推崇个人建树,追求个人享受及完善个人人格;二是从个人和集体的关系来看,个人主义强调个人大于集体,个人高于一切。高校,由于其开放性和特殊性,最容易受各种外来观念与社会思潮的影响。有的青年学生进入大学之后,面对校园文化的丰富多彩,个体主义价值观念日益凸显,许多大学生慢慢从传统的集体主义价值观念里游离出来,甚至摒弃了集体主义价值观念。

大学生社团是集体,其中的每一个成员都是个体。毋庸置疑,从大学生社团的整体发展角度来看,集体必须优先,但以个人发展为先的社团成员也大有人在。大学生社团由于成员来源的广泛复杂、成员的目的不一、不由学校直接管理等现实原因,集体融合度本就不太高,管理难度相当大。这种情况下,大学生社团成员由集体主义还是由个人主义的价值观念主导,直接决定了其在大学生社团活动中的价值选择并因此产生矛盾,影响了大学生社团的发展。

(二)理想主义与现实主义

理想是人们对未来事物的美好想象和希望,包括主体对于社会结构和秩序的理想。主体对社会结构和秩序可以有不同的理想,比如等级与平等、效率与公平、自由与秩序、人治与法治、文明与富裕、自上而下与自下而上,对于这一切可能的形式,如何选择才是最合理的、最好的取决于不同的主体思想。不同的主体从自己的现实地位与条件出发,会形成不同的看法和期待,产生对社会、人生及事物的价值追求,这些就是主体的社会人生理想。这些理想的形成对主体意义巨大,不仅被用于衡量、评价生活中的现象,而且被当作主体的社会立场和为之奋斗追求的目标。理想主义对人而言,精神是第一位的,是至高无上的,有以下几个特点:非现实的;完全善良的,大公无私的;是耗尽毕生精力和努力也难以实现的。从中学时期走过来的大学生,一直生活在学校之中,对入学及对社会往往带着某种理想和憧憬,对未来充满期望,想象着一切都将按自己期望的方向发展。

现实主义认为,在人类的认知中,人们对物体的理解与感知,与物体独立于我们心灵之外的实际存在是一致的。一般认为,现实主义关心现实和实际而排斥理想主义。现实主义起源于 19 世纪 30 年代的欧洲,社会政治经济结构形态的剧变导致了人们的文化价值观念和道德观念随之变化。资本主义的发展,使物质利益观念成为人们头脑意识中的主导观念,衡量人的主要的或唯一的尺度变成了金钱,人与人之间的关系变化甚多。好不容易从封建束缚中挣脱出来的人们,虽然获得了人身自由,却又在金钱面前丧失精神的、心理的以及人格的自由。从被金钱吸引,到热衷于金钱,再到依赖于金钱,一种新的压迫与剥削形态又慢慢存在于人与人之间,使得人们之间的关系渐渐趋于恶化。人们从现实中清楚地看到,理想主义者所追求的并未实现,而用一种新的、冷静的、客观的眼光重新看待现实、思考命运、改善处境是人们必须要做的。在这种现实环境下,一种被称为现实主义的社会心理和风气随之产生,其对待事物以追求客观冷静分析、解剖现实为主。大学生入学之后,经过一定时期的学习、生活,一部分人就会产生理想与现实之间的困惑、迷惘。

许多大学生在加入大学生社团之前,对其并不太了解。笔者的调查问卷显示,未加入大学生社团的大学生在回答"加入前你了解你的社团吗?"这个问题时,选择"不太了解"或"完全不了解"的人数占 78.8%,选择"非常了解"的仅占 5.6%。这从一个侧面反映出,大部分大学生心中对大学生社团有一种理想的形象。大学生加入社团后,常常发现大学生社团并不是自己所想象的那样或并不能实现自己的理想(这本也正常,理想和现实本就存在距离),如果能够及时调整,也是能适应社团的,但有一部分大学生却在短时间内无法让自己适应,最终在自我冲突的情况下,可能会退出社团,或处于半退出的状态(即不再参加社团的任何活动),这种理想与现实的冲突最终会成为大学生社团的价值矛盾。

(三)多元的规范意识

规范意识是关于社会规范的立场和选择。社会中的各种规范,包括经济规范、政治规范、法律规范、道德规范以及其他文化和日常生活规范等，是由社会生活的结构规定的人的行为准则、规则系统，并构成日常生活中的各种评价标准。一定的规范代表着一定的社会体系，反映出一定主体的权力和责任。社会规范总是具体的、历史的，带有一定的主体性印记，并且是多元的。多元的规范意识通常体现在元规范意识和具体规范意识两个层面。

元规范意识，是指人们对社会生活中最基本的行为方式和核心准则的评价与认识。主体对某一规范体系的接受和认同情况以及对待其他规范的立场和选择态度，往往直接决定着他们与现实的社会关系，并影响社会结构和秩序的稳定和效率。对于大学生社团不同的主体来说，其对不同规范体系的接受、认同程度是各不相同的，并且是不易改变的。比如，有的大学生社团成员认为，在社团里"独乐乐"后才能"众乐乐"，有的却认为"众乐乐"后才能"独乐乐"。其实这两种想法并无对错之分，悦纳自己与愉悦他人并非有严格、不能更改的顺序，不同的想法其实是不同主体元规范意识不同导致的。虽然观念无对错之分，但各自站在自己的立场却难轻易迁就对方，这种不相同、也不易改变的元规范意识直接导致大学生社团价值主体价值观念的不同。

具体规范意识，是指人们对生活中各个方面的具体规范的理解和执行意识，如一个人对某种规范理解的方式和程度如何、处理各方面具体规范的方式如何、规范间发生冲突时的具体态度如何。这方面的思想意识活动是大量而具体的，日常价值观念的冲突和变革往往在这个层面表现得最为明显和强烈。大学生社团的方方面面涉及许多不同的具体规范，不同主体的理解和执行都不尽相同，特别是在大学生社团活动的具体组织上，许多不起眼的小事经常会在不同成员间引起冲突。比如在某社团的一次活动中，两名成员居然为桌牌的摆放方向大吵一架，其中一名社团成员当场拂袖而去。类似这种例子太多了，大学生社团中经常会发生因具体规范意识不同而在社团事务上意见相左的情况，大学生社团价值主体价值观念的多样性在这时候被体现得淋漓尽致。

第六章

大学生社团
价值矛盾的化解

从大学生社团产生之日起,价值矛盾就客观存在,但在不同的历史时期、不同的社会环境下,其表现形式及程度有所不同。既然大学生社团的价值矛盾会影响大学生社团的健康发展,那么大学生社团的价值矛盾又该如何化解呢？化解的原则和方式是什么？这些都是本章所要讨论的内容。

第一节　化解大学生社团价值矛盾的必要性

大学生社团的主要价值矛盾来源于大学生社团价值主体的需求矛盾及价值观念的矛盾,因而大学生社团的各类主体,小到单个的个体(个人),大到多个个体的集合体(社团、大学),都可能受到大学生社团价值矛盾的影响。

大学生社团价值矛盾对个体的影响主要表现在个体在大学生社团中的价值选择和具体行为上,比如大学生可以选择加入或不加入、积极或散漫、坚守或放弃、保守或创新……这些选择看似是大学生个体的行为,实则是由于价值矛盾影响了价值选择,从而有了不同的行为,并直接影响大学生社团价值目标的实现,比如创新精神的培养及心理健康水平。

大学生社团的价值矛盾对社团本身的影响主要表现在社团的现状和发展方面,无法较好地化解价值矛盾的大学生社团在规模、人气、品牌及持续发展上都会受到影响。大学生社团的价值矛盾对大学的影响主要表现为,多元价值观念下的大学生社团文化可能会冲击大学主流文化的传播,进而影响大学文化育人功能的实现。这些都阻碍了大学生社团价值目标的实现,因此,有效化解大学生社团的价值矛盾显得格外重要。

一、价值矛盾严重影响大学生社团价值目标的实现

因价值冲突产生的价值取向差异,进而产生的价值矛盾,对大学生社团及其成员造成的影响是显而易见的。这种影响主要表现在大学生价值主体及其关系方面,即对大学生、大学生社团和大学的影响,也可理解为对大学生社团价值目标

实现的影响和对大学功能实现的影响。

(一)社团成员流动太快影响了大学生社团的稳定发展

大学生社团的一些价值矛盾,比如价值主体自身理想与现实的矛盾,直接造成社团成员流动太快,大学生还没有深入了解社团就退出了,更不用说大学生社团价值目标的实现了。

大多数大学生社团在招新时火爆异常,新生怀着对社团的美好憧憬加入社团,想象着在大学生社团中实现自己预先设定的目标,实现自己的理想,或是展露才华,或是组织活动,或是学习特长,或是结交朋友……但现实总是残酷的,也许你的才华在社团里根本不值一提,比你才华横溢的大有人在,社团活动中你可能连配角都当不上,只能旁观;也许你满腔热情地想组织活动,却发现比你积极、比你有能力的人早就安排好了一切,你只需参与便是;也许你一心想向社团大伽学点本事,奈何别人根本就没有时间,或是你差得太远,无从学起;也许你想认识别人,可别人不想认识你,或是各自已有三三两两的小圈子……这种理想与现实的矛盾客观、真实地存在着,在刚进入社团的大学生身上表现得尤为突出。是坚守还是放弃,两难之下若不能及时调整自己,势必会屈从于现实,进而退出社团,许多人在社团里甚至连一个学期都待不上。大学生社团每年招新,有新生入校、老生毕业的原因,也有社团成员流动性太强的原因。大多数社团招新过后会有一个短暂的成员饱和期,然后成员人数迅速衰减,到下次招新前,可能只剩一些骨干成员在维持社团的日常活动。大学生社团总是不断地招新、培训新人,非常不利于社团的稳定发展。

除了价值主体自身理想与现实的矛盾,还有一些价值矛盾也影响着大学生社团的稳定发展,比如多元价值主体间积极与散漫的矛盾、集体主义与个人主义价值观念的矛盾,都会或多或少地对大学生社团成员的行为产生影响,继而成为不稳定因素,影响大学生社团价值目标的实现。

(二)社团骨干的缺失影响了大学生社团的可持续发展

笔者通过对一些大学的调研和在 H 大学的深度访谈发现,当前大学生社团存在的突出问题之一是社团组织松散、管理不成熟、社团干部频繁更换,从而造成许多社团的发展得不到保障,好的社团活动和组织经验得不到传承,因此一时风光的大学生社团比比皆是,能够一直风光的大学生社团却寥寥无几。表面上看,这些问题是社团结构松散、管理体制不健全导致的,实际上也有大学生社团价值矛盾产生的影响。

由于大学生社团是自发性的学生组织，因此社团干部在其中发挥的组织管理作用很大程度上决定了社团的发展。大多数社团干部思想比较成熟，热心于社团工作，有一定特长和组织能力，创新精神和竞争意识较强，在社团中有一定的号召力和威信。一个优秀的社团干部对一个大学生社团的贡献是不言而喻的，但一个优秀的社团干部的成长、成熟也是需要一定时间和周期的。按常理说，高年级学生经过前几年大学生活的历练和社团活动的磨炼，应该更能当好社团干部，带好整个社团，但据笔者调查统计，大学生社团干部以大二学生为最多，有极少数大三学生，大四学生基本没有。在大学生社团里，当社团干部拥有更多的资源和权力时，当他们加入社团的自我目标实现时，当自我继续发展与为社团承担责任发生矛盾时，他们可能会选择离开社团去寻求更加有利于个人发展的其他方式，而这实际上也是权力与责任、集体主义与个人主义等大学生社团价值矛盾的现实表现。

此外，大学生社团价值主体保守与创新的价值矛盾，也影响着大学生社团的可持续发展。在大学生社团健康发展的道路上，继承传统与紧跟时代同样重要，如果把握不好不同时段内保守与创新的价值矛盾，可能会使矛盾双方走向极端，要么极力维护现状，要么不顾一切打破现状，这两种极端情况都不利于大学生社团的持续发展。

(三)主流价值观受到冲击影响了大学生社团的健康发展

不论是从大学生社团的价值目标来看，还是从大学生社团与大学的关系来看，弘扬正确的主流价值观是大学生社团健康发展的基本前提。如果大学生社团成员得不到正确的价值引导，首先就会影响大学生社团文化内涵的提升，接着大学生社团会失去应有的凝聚力和影响力，导致社团成员对社团的归属感、认同感降低，甚至导致社团解散，最终影响和谐校园的建设。

在当今这个文化形式多元化和价值观念多元化的社会中，学生行为越来越个性化(或称"非主流化")。大学生价值观念的多元化、性格特点的差异化是大学生行为个性化的基础，个性化决定了非主流化。当今校园是"95后""00后"大学生的天下，他们中的一些人见多识广、知识丰富、个性张扬、紧跟潮流、时代感强，但同时也会取向功利、个人为上、忽视集体、追求物质、忽略精神，这些都是个性化、多元化的明显特征。因此，他们的思想和行为是完全不能用传统的思维方式和价值观念去理解的。这些特征若体现在大学生的日常生活、选择和行为中对大学生社团就会产生一定影响。比如，大学生社团为了更好地开展社团活动，会通过与商家合作的办法获取赞助，以弥补社团经费不足的问题。但许多大学生社团在与商家合作的过程中，由于缺乏正确的价值观的引导，再加上经验不足、自制力不强等原因，在获得了经济利益后就放任社团活动商业化、低俗化，甚至影响到社团活动的内容、品质和社团成员的人生观、价值观，越来越偏离大学生社团应该弘扬的主流价值观。

因此，要使大学生社团健康发展，就必须对大学生社团的价值矛盾进行有效化解，放任自流、置之不理会严重影响大学生社团价值目标的实现。

二、大学生社团价值矛盾化解的困难与原则

在化解大学生社团的价值矛盾时，存在许多难以回避的困难，最主要的是利益冲突与管理冲突。

一方面，由于价值主体需求不同引起的大学生社团价值矛盾是客观存在的。不同价值主体的需求与选择一般与自身利益相关，大学生价值主体的多元化决定了其利益选择的多元化。价值主体因利益选择而产生的冲突不可避免，想要形成一个平衡的局面，各价值主体就要进行利益的博弈。其实在任何一个环境中，最终形成的均衡利益格局都是各个利益主体之间博弈的结果。引起利益博弈的实质是主体对利益的集合和分配，不同的利益主体有不同的利益需求。各利益主体共存于同一个大学生社团环境中，想要平衡各利益层级的相互关系、解决层级中的矛盾，需要有掌握全局的能力和远见，并且要遵循大学生社团发展的规律。如果在矛盾化解过程中偏颇某一方，导致另一方利益受损，价值矛盾的化解可能会起反作用，不仅不能解决问题，还会影响大学生社团的生存与发展。

另一方面，矛盾的化解一般都需借助外力的作用。大学生社团的性质决定了它是由大学生自行管理的学生组织，但它同时又必须处在大学的领导之下，受一定的规范限制，在一定的范围内活动。在这种管理体制下，约束与自治的冲突必然存在。社团在大学中具有身份上的双重性，即既受大学的约束，又属于大学生的自治组织。一方面，大学生社团必须受到大学党委的领导与共青团组织的指导；另一方面，社团是大学生依据兴趣爱好自愿组成的，按照章程"自治"，自主开展活动的学生组织。而大学在对待大学生社团的问题上同样也具有约束与自治的双重性。一方面，大学要对大学生社团有一定的约束，只允许它在一定的范围内发展；另一方面，大学又要给予大学生社团足够的自治自由，允许它自行管理。这种约束与自治的矛盾源于大学生社团价值主体的不同需求。而对于这两个实

力相差甚远的价值主体(大学和大学生社团)来说,当出现约束与自治的矛盾时,最终妥协的一般是大学生社团,因为大学生社团在自治发展的同时,必须取得大学最大程度的支持,才能获取更多资源,取得更好的发展。

化解大学生社团价值矛盾需要遵循一些基本原则。这些建立在一系列价值观念基础上的原则,能够促使大学生社团的价值目标更好地实现,并能为大学育人服务。

(一)人的自由全面发展价值观导向原则

马克思认为,实现人的自由全面发展是社会发展的终极目的,是人类发展的必然趋向。当然,这种自由全面发展是有特定的历史条件和现实条件的,是在一定的范围内获得的时代允许的自由。与此同时,现实中的人应是全面的、丰富的、完整的人,不是单一的经济人、政治人、文化人或生物人,是具有综合素质的完整的、复合的人。

目前的大学教育,较多着眼于为社会政治、经济服务,为个人谋生就业做准备。在这种人才培养理念下,大学专业教育的目的性很强,即培养专门技术人才,使学生成为某领域的专门之材。大学生社团在教会学生做人、提升品德修养、锻炼能力(实践、创新、表达、交往、心理)等综合素质方面具有一定作用,因此,在化解大学生社团价值矛盾的时候,要注意遵循人的自由全面发展价值观导向原则,不行"教育工具论",不让大学生社团的价值目标受实用主义价值观的影响,充分尊重学生自身的发展需要,使得大学生社团成员在科学与人文、知识与道德、智能和情感等方面得到全面、协调发展和可持续发展。只有如此,大学教育中才会多一些对人的精神文化生活的关注,多一些基于学生自身意愿的生动活泼的发展。

(二)多元文化交融的原则

大学文化本就具有多元性,"大学的文化是追求真理的文化,是严谨求实的文化,是追求理想和人生抱负的文化,是崇尚学术自由的文化,是提倡理论联系实际的文化,是崇尚道德的文化,是大度包容的文化,是具有强烈批判精神的文化"[①]。我国大学文化具有中国特色,这里说的"中国特色"不专指中华人民共和国成立以来的中国特色社会主义文化,也不是指一个多世纪以来的中国大学文化,而是指具有中华民族特色的大学文化,这种文化既受中国传统文化的影响,又受西方思

---

① 〔美〕约翰·杜威. 民主主义与教育[M]. 王承绪,译. 北京:人民教育出版社,2001:28.

想的影响,极具兼容性,是中西合璧的产物。

我国大学理念的基础是儒家的教育思想,仁、义、礼、智、信等传统文化特质明显,并且作为传统文化的主流,深深地融入大学文化当中。在中华人民共和国成立以后,特别是随着改革开放进程的加快,大量西方教育理念涌入现代大学,如大学教育重视实用科目、注重培养专业化人才、教学与科研并重,对我国的高等教育和大学文化产生了强烈的冲击和巨大的影响。我国大学一方面在借鉴、吸收这些世界先进的大学理念,另一方面也注重对优秀传统文化的继承和发扬,既使大学具备教学、科研和社会服务的多种功能,又使大学文化具有多元化和国际化等特征。因此,在化解因价值观念冲突引起的矛盾时,对大学生社团不同价值主体的不同价值观念要包容对待,多元文化的融合能使大学文化保持更持久的生命力,这也是历史发展的必然趋势。

(三)尊重学生主体意识的原则

大学生社团的主体多元,但最重要的主体是学生,因此在价值矛盾化解的过程中,必须遵循尊重学生主体意识的原则。

尊重学生主体意识,首先必须要尊重学生的生命尊严。大学生社团的价值体现了大学生素质的整体发展水平。没有对大学生生命的整体性考虑,就没有大学生素质的整体性发展;没有大学生素质的整体性发展,也就没有大学生创新潜能的理想开发。大学生社团必须把对大学生发展的认识从知识层面提升到生命发展层面,必须从对大学生的生命关怀的整体性出发,尊重并促进大学生的整体性发展。尊重学生的生命尊严就必须坚持大学生社团的自主性,充分利用学校、社会的资源促进大学生社团发展,促进大学生社团价值目标的实现,从而使大学生在丰富多样的社团活动中陶冶情操、锻炼能力、提升素质。其次,必须尊重学生的独立思维。尊重学生的独立思维及其发展过程中的主体性,意味着大学要把更多的社团发展选择权交给大学生;也意味着大学的管理者要更加尊重学生在组织大学生社团活动过程中的自主性,使其自主管理、自主探索、自主实践、自主交流;更意味着教师要尊重大学生社团自主发展的结果。无论大学生社团价值实现的程度如何,这都是必需的。再次,必须尊重学生的个性发展,在价值矛盾化解的时候,不能轻易否定任何个体的价值目标。同时,承认个体的个性化和大学生社团价值目标的多样性,是大学生社团发展的核心所在。要想尊重学生的个性发展,大学生社团就必须从程序化的固定模式中走出来,通过开放、包容、自主、创新的个性化社团组织和活动,为大学生提供个性化的选择。

(四)与各项教育相结合的原则

大学生社团是大学育人的重要途径,与大学里的其他育人环节相辅相成,因此,在大学生社团价值目标实现的过程中,价值矛盾的化解也必须兼顾其他教育环节。

首先,要与专业教育相结合。任何价值目标的实现,归结到大学生个体身上时,都离不开大学生的本业,即专业学习。

其次,要与素质教育相结合。素质教育从提出至今,都被大学作为育人的重要部分。实现大学生社团的价值目标,在很大程度上提升了大学生的综合素质,无形中落实了素质教育,因此,化解大学生社团的价值矛盾是不可能忽视素质教育的。

再次,要与实践教育相结合。实践能力差是当今大学生普遍存在的问题,而高等教育的基本目标是培养大学生成为具体工作岗位的劳动者、创造者。大学生社团活动是实践性很强的教育活动,在教会大学生如何将理论转化为实践、如何发挥主动精神方面有较大作用。

第二节 化解大学生社团价值矛盾的策略

实现大学生社团的价值目标,是大学生社团存在并发展的意义所在。既然大学生社团的价值矛盾对大学生社团价值目标实现有影响,那寻找化解价值矛盾的途径就是必需的。尽管化解矛盾存在主体价值冲突和管理冲突的现实困难,但在遵循一定原则的基础上,通过大学有效引导和管理、大学生社团的自身治理及社会适时引导,化解大学生社团的价值矛盾也是有路径可依的。

一、大学生社团价值矛盾产生的根源

(一)东西方价值观念的多种选择

价值的多元化一直存在,但在我国,价值取向呈现多元化是在改革开放以后才逐渐明显的,特别是随着全球经济一体化的持续发展,在东西方价值观念彼此不断渗透、不断摩擦和不断冲突的情况下,人们价值取向的多元化表现得淋漓尽致。尤其是对大学生来说,一方面,他们受西方自由、平等、博爱理念的渗透,对自我的发展与完善关注度较高,往往将个人喜好与取向放在首位;另一方面,他们缺乏集体意识,虽然他们理解的集体,大多数还是与个人有利益关系或合作密切的集体,但当集体和个人利益有冲突时,他们的选择并不确定。又如,一方面,他们追求轻松快乐,追逐眼前利益,甚至存在享乐主义、拜金主义等现象;另一方面,他们能意识到拥有远大理想、努力奋斗的重要性,也能懂得付出才有回报的道理。再如,他们追求自由,不受拘束,但也明白世上没有绝对的自由,校纪校规必须遵守;他们追求个性,喜欢特立独行,但也会向现实低头和妥协;等等。总之,现在的大学生对自身有提高和完善的要求,也希望能对国家、社会、集体和他人具有意义,渴望二者同时兼顾。在这个多元化社会中,他们思维活跃,求知欲强,追求个性发展,追求进步,渴望民主、自由的生存环境,但有时对价值观念缺乏正确的判断力,无法选择或选择后意志不坚定,都是导致大学生社团价值冲突的根源。

(二)新媒体对价值观念的影响

在这个时代,互联网早已深入渗透到我们生活的方方面面,各种新媒体技术的层出不穷使人们获取信息的方式发生极大的改变,传统的纸质媒体和电视基本被互联网代替,尤其在年轻人当中,移动互联网甚至成为他们获取资讯的重要方式。当然,新媒体具有开放性、动态性和多样性的特点,它取代传统媒体成为人们获取信息的主要渠道是时代发展的必然趋势,但其对大学生的价值观念带来的影响也是不容小觑的。首先,新媒体环境的开放性,使得其传播性增强,不受时间和空间的约束,可随时让传播者和接受者发布和接收信息。虽然这种信息传播的及时性和便利性对大学生的自我教育、自我发展有一定的帮助,但大量未经筛选的、是非难辨的信息也会对大学生的价值观产生不良影响。其次,新媒体的动态性使得许多价值标准处于不断变化之中,比如"扶老人"欺诈现象的扩大发酵,很容易使大学生产生被欺骗感;各种网络谣言,也很容易让大学生产生正义剥夺感和社会不公正感,这些都对大学生原有的价值观产生一定冲击。再次,新媒体的多样性使得大学生传统的学习、生活方式发生巨大变化,比如 MOOC 使大学生不用去教室而是通过网络上课,便捷的电子商务可以让大学生足不出户就买到需要的商品,这些学习、生活方式的改变都在影响着大学生的价值观念。

(三)大学生社团管理产生的现实影响

改革开放以后,我国高校大学生社团的数量不断增多,规模持续扩大,在各高校逐渐认识到大学生社团的重要性后,对其管理和指导的投入也在不断增加。但大学生社团在迅速发展的同时,其管理水平和管理制度却未同步发展,这不仅严重制约了大学生社团的生存和发展,而且也对大学生的价值观产生实际影响。比如,在大学生社团的干部选拔问题上,许多大学生社团的干部评选采用"世袭"制,即由上任决定下任人选,这不仅让许多大学生失去了担任干部的机会,严重影响了社团成员的积极性,还可能使得社团内部风气不正,社团骨干的心思没有真正用到大学生社团的发展上。再比如,考核机制的不完善或制度执行不力,不仅导致社团成员纪律涣散,还影响了大学生的价值观;财务制度不完善,不仅造成社团财务混乱、腐败滋生,还影响了大学生正常的金钱观……

二、大学对大学生社团的价值引导

多种价值观念并存是社会的正常态,是大学的正常态,也是大学生社团的正常态。因此,大学生社团价值主体间的价值冲突是自然而然的事情,并作为大学生社团的一部分和大学生社团发展、大学生成长密切相关。要想保证多种价值观背景下大学生社团发展的正确方向,就需要大学对其进行一定的引导。

(一)加强对大学生社团的价值引领

大学生社团成员价值观的多元化是由其价值主体需求的多样性决定的。大学阶段的青年学生,其价值观并未完全形成,不仅对价值缺乏理性的认知,而且这种认知还可能随时改变。因此,在多元价值观条件下,既要承认大学生多种价值观念存在的合理性,又不能任由各种价值观念毫无控制地发展;既要客观地承认大学生价值观的多元化,又要用占主导地位的价值观念对其进行引导。加强对大学生社团的思想引领,既能充分发挥大学生社团的思想教育功能,又能影响大学生社团价值主体的价值观念,从而有效化解大学生社团价值观念的冲突,保证大学生社团的健康发展。

首先,大学生社团要建立科学合理的理论学习制度,提高社团成员的道德修养和思想境界。理论学习是掌握科学的世界观和方法论必不可少的途径。成员通过理论学习可以习得正确的处事立场,并理性地观察问题、分析和解决问题,从而形成正确的世界观、人生观和价值观。大学生社团理论学习的形式多样,根据不同社团的性质和特点,可通过不同的学习形式,如讲座、沙龙、讨论,并形成学习制度,帮助大学生社团成员养成良好的学习习惯,提高成员的思想理论水平。

其次,要重点培养大学生社团骨干成员,通过朋辈榜样来影响普通社团成员。

骨干成员是大学生社团中的一员,但他们又较普通成员具有更高的思想政治素质、科学文化素质、实践创新能力、领导管理能力等综合素质,在落实社团工作和直接指导成员方面发挥着重要的支柱作用,他们的价值观念、价值选择与言行举止对普通成员有直接的影响。因此,大学要重视对大学生社团骨干成员的培养,对他们进行思想政治教育与专业技能培训,以增强他们的思想觉悟和业务能力,使其具有更理性的价值判断和更高的责任感,这不仅有利于骨干成员自身综合能力的提高,也能对其他社团成员起到榜样示范作用,更有利于大学生社团的可持续发展。

再次,要加强大学生优秀社团的示范作用,为大学生自我教育营造良好的环境。优秀的大学生社团在加强校园文化建设和培养良好的校风、学风方面有着不可或缺的作用。一方面,大学生在丰富多彩、风气良好的社团活动中,能自觉不自觉地接受学校所倡导的价值观念和思维方式,并将其慢慢内化为自己的价值观念和思维方式,从而进一步养成良好的道德品质、文明习惯,摒弃不正确的思想和行为。另一方面,大学生在参加优秀社团的活动,如研讨会、辩论会、分享会、交流会等社团活动时,成员间谈论的多是关于学习、道德、创新等积极上进的话题,不仅能提高学习兴趣、培养钻研精神,更能激励彼此相互竞争,相互学习,共同提高。因此,应加强对优秀社团的支持、宣传,使其在大学生社团群体中产生规范、导向、激励和推动作用,在带动大学生社团整体发展、丰富校园文化的同时,潜移默化地对大学生产生影响。

(二)加强对大学生社团的制度化建设

大学生社团文化的形成与大学生社团管理制度的完善离不开。一般来说,管理规章和服务规范等是思想的具体体现,完善大学生社团的管理制度,也就是要在这些管理制度中体现制定者的思想、文化意识和价值追求。结合了思想导向和政策导向的大学生社团管理制度,会逐渐形成自己的社团制度文化和社团精神文化。大学生社团发展至今,虽然大学在其制度化建设上花费了相当大的精力,也取得了一定效果,但大学生社团的制度化建设还有待进一步完善。

首先,要加强党团组织对大学生社团的指导,确保方向引领。在我国,高校党委把握着大学的办学方向,当然也从决策层面把握着大学生社团的发展方向,高校党委对大学生社团有决定性的方向指导作用。在党委领导下,高校党委学生工作部门和团委联合其他部门承担大学生社团的具体管理职能,共同关心、指导大学生社团的建设与发展,确保社团活动的方向正确。在大学生社团组织中,还要加强党团组织的进入与建设,不可忽视优秀党团员在大学生社团中的作用。学校应出台相应的政策、制度,将大学生社团活动与大学人才培养全过程相融合,将大学生社团活动的成果与指导教师的发展结合起来,与学生的全面发展结合起来,引导大学生社团发展正规化,帮助大学生成人成才。

其次,要健全大学生社团管理制度,减少价值冲突。任何一个正规的组织,都有全体成员应当共同遵守的规程和规则,大学生社团也不例外。只有将正确的价值观根植于大学生社团的日常管理制度和措施中,才能真正对大学生社团起引领作用。在多种价值观念共存条件下,健全大学生社团管理制度显得更加重要,只有通过一系列规范的管理制度来约束大学生社团成员的行为,才能避免不良局面的产生。例如,大学生社团的准入、退出、考核、评价等制度,大学生社团干部的选拔、培养、任用、奖惩等制度,大学生社团成员会费的收支及监督制度,都是大学生社团的基本管理制度,必须健全也必须严格遵守。通过加强大学生社团管理制度,可以凝聚人心、稳定思想,从而避免引发大学生社团价值冲突,并防止不良价值观的产生。

再次,要加强大学生社团的内部管理,形成价值认同。大学生社团除了要有章程和制度文化外,还需要社团内部的严格遵循和有效管理,如此才能使得大学生社团健康发展。与此同时,每个大学生社团还应该建立有自己社团特色的管理方式,比如设计并使用社团标志,以增加社团成员的凝聚力和归属感,无形中将集体主义的价值观念深入人心。再比如,完善的社团内部管理制度、严格执行各项管理制度的社团干部、团结一致的社团成员、积极向上的社团活动……这些都将内化为社团成员的道德观和价值观,帮助他们在有价值冲突时做出正确的选择。

(三)加强对大学生社团教育功能的探索研究

大学生社团是对大学生进行思想教育的重要载体和途径,对大学生的价值观形成有重要影响。加强对大学生社团教育功能的研究和探索,既能充分发挥大学生社团的育人功能,又能引导大学生形成正确的价值观。

首先,要加强大学生社团的隐性教育功能,多途径开展思想教育工作。大学生社团在思想教育方面的功能毋庸置疑,对大学生的价值引领也有一定作用。大学生社团是由跨院系、跨专业、跨年级的大学生组成的组织,他们在一起进行自我管理、自我服务并进行自我教育。在大学生社团中,当成员遇到价值冲突时,可能最先向社团里的同伴寻求帮助。这种情况下,朋辈的价值观念和价值选择更容易得到认同。因此,要利用好大学生社团这一开放平台,通过大学生喜闻乐见的社团活动隐性地对其进行引导，让大学生在思想上与社团骨干、管理者、指导教师形成共情、共鸣，最后让正确的社会道德准则和思想观念影响大学生，使大学生在不知不觉中接受教育，达到"润物细无声"的效果。

其次，要加强大学生社团解决实际问题的能力，充分考虑大学生的实际需求。大学生社团成员也存在一些实际问题，比如学习、生活、就业、创业方面的问题。虽然这些问题普遍存在于大学生当中，高校也采用不同方式帮助其解决，但大学生社团的扩展功能也能协助解决大学生的一些实际问题。其实有些大学生社团开展的具有教育意义的活动，往往既能解决思想问题，也能解决实际问题，因为其不仅充分考虑了大学生的精神需求，也解决了大学生的具体困难。比如公关与口才协会锻炼了成员的表达能力，对求职就业有切实帮助；又比如爱心助学社经常深入贫困地区，让许多同学有了不一样的体验，使其既体会到了帮助他人的快乐，又懂得了珍惜当下的道理，更学到了许多具体的能力。当然，大学生社团在发展中也存在一些具体的困难，尤其是经费问题是制约大学生社团的发展规模和活动质量的重要原因，因此，高校的切实支持（如加大经费投入）是大学生社团开展有教育意义的活动、解决大学生实际问题的重要保障。

第三，要加强大学生社团的心理教育功能，帮助大学生摆脱价值困惑。心理问题普通存在于当今大学生中，特别是处于全球一体化格局下的大学生，其价值观念、价值评价等很容易产生模糊不清、摇摆不定等现象。当大学生出现自我价值的冲突和矛盾且价值冲突不能得到及时化解时，心理问题往往就随之产生。帮助大学生提升心理健康水平本就是大学生社团的价值目标之一。高校应该利用大学生社团亲和力强、成员对社团具有亲切感和信任感的优势，帮助大学生进行适当心理调节，化解价值冲突。

(四)我国大学生社团的价值引导必须符合国情

大学生社团的存在不受政治因素影响，不管社会政治体制如何变迁，只要高等学校存在，大学生社团就可以存在。我国大学生社团的价值引导必须符合我国国情。

在我国大学中，班级、社团是开展大学生思想政治教育活动的重要组织形式。2015 年颁发的《高校学生社团管理暂行办法》(以下简称《办法》)明确规定"高校学生社团的基本任务是：遵循和贯彻党的教育方针，坚持立德树人的基本导向，团结和凝聚广大同学，按照自愿、自主、自发原则，善用网络技术和新媒体，开展主题鲜明、健康有益、丰富多彩的线上和线下课外活动，繁荣校园文化，培养同学的社会责任感、创新精神和实践能力,提升同学综合素质,促进同学成长成才"①。在遵循和贯彻党的教育方针前提下做好大学生思想政治教育工作,是大学生社团的一个重要任务。因此,大学生社团在引领大学思想政治教育方面必须坚持社会主义核心价值观的主导性,牢牢把握社团文化的发展方向。

社会主义核心价值观反映了社会主义核心价值体系的丰富内涵和实践要求,是社会主义核心价值体系的高度凝练和集中表达,是中华民族的精神支柱和中国人民的行动向导,是社会和谐的价值支撑。我国目前处于发展变革时期,各种价值观念和社会思潮纷繁复杂。大学生正处在价值观形成和确立的时期,他们的价值取向决定了未来整个社会的价值取向,抓好这一时期的价值观养成十分重要。大学生社团是对青年大学生的思想和行为有重大影响的社会实践形式,因此,要充分发挥大学生社团的教育指导作用,将培育和践行社会主义核心价值观融入大学生教育的全过程。因此,大学生社团的价值观选择必须符合国情,坚持社会主义核心价值观的主导地位,引领青年大学生形成正确的价值观。

三、完善大学生社团管理

当前大学与大学生社团之间的关系是:大学既要加强对大学生社团的领导,又要支持和引导其自主开展活动;大学既要加强对大学生社团的管理,化解大学生社团的矛盾,还要从全局入手,使大学生社团各方价值主体利益均衡。

(一)大学党委要加强对大学生社团的领导

《高校学生社团管理暂行办法》明确指出:"高校党委统一领导本校学生社团工作,要把加强和改进学生社团工作,作为高校贯彻党的教育方针、推进素质教育的重要组成部分,纳入高校整体工作中。"大学生社团的健康蓬勃发展,不仅能营造良好的校园文化氛围、丰富校园文化生活,还能满足大学生提高自身素质的需求,拓宽大学生自我发展的空间,对大学生的成长成才产生积极影响。大学党委应该进一步加强对大学生社团的领导,将有关大学生社团的重要工作和重大事项制度化,推进党的领导具体化。

首先,大学党委应该充分认识大学生社团健康发展的重要性,认识到大学生社团对大学生的积极作用,认识到其是人才培养的重要组成部分,而不是可有可无的单纯的学生组织。大学党委对大学生社团要进行积极引导和大力支持。比

---

① 教育部网站 http://www.moe.gov.cn/jyb_xwfb/s5147/201601/t20160113_227746.html.

如,要关心社团的活动场地和经费等实际问题;从宏观上对大学生社团的类别、组织结构、活动规划和内部的管理制度进行定位和指导;从政策层面制定出大学生社团的奖惩机制,对发展状况好的社团要予以扶持鼓励,对发展滞后的社团要及时帮扶,对发展偏离方向的社团要及时制止,从多方面引导大学生社团健康发展。

其次,大学党委对大学生社团的管理要抓大放小、宽严结合。大学党委不可能无巨细地过问大学生社团的所有事情,但也不能完全放任不管,要从宏观上全面掌控而不是在微观上用行政命令来一一指挥。在大学生社团遵守大学各项规章制度的基础上,大学党委对大学生社团开展的活动要进行有意识的引导,以营造良好的学习、文化氛围为目的,支持大学生社团自主发展,吸引学生积极参加有益身心健康的社团活动,并不断推出高层次、高品位、高科技含量的校园文化活动,把大学生社团作为凝聚青年学生的纽带、学校与学生之间沟通的桥梁和校园和谐稳定的润滑剂。

再次,大学党委要为大学生社团的发展把好方向,做好研究规划。大学党委要明确大学生社团是落实立德树人根本任务、推进素质教育重要载体的根本定位。大学党委要担负起学生社团建设发展、统筹管理的相关职责,既要坚持主流价值引导,又要使百花齐放,将大学生社团当作用社会主义核心价值观来武装青年学生头脑的阵地,当作大学生进行自我教育和自我管理的学习型组织,当作大学生锤炼意志和参与社会实践的重要场所,让大学生在丰富多彩、形式多样的社团活动中提高思想素质、文化修养、道德水平和实践能力,使不同类型的大学生社团能满足广大学生多方面、多层次的需求,促进大学生德、智、体、美、劳全面发展。

(二)大学共青团组织要加强对大学生社团的指导

一般来说,由于大学生社团具有学生自治的特点,大学党委只对大学生社团进行宏观管理,具体业务由共青团组织对大学生社团进行指导,相关管理部门并不直接参与对大学生社团内部的管理。《高校学生社团管理暂行办法》明确指出:"高校团委履行本校学生社团工作的主要管理职能,应设立专门管理机构,配备工作人员,切实承担起学生社团的成立、年审、注销、组织建设、活动管理、经费管理和工作保障等工作。"该文件明确指出了共青团组织和大学生社团之间的关系。

首先,共青团组织要把握好指导大学生社团工作的原则。进一步规范高校学生社团管理,是为了深化学生社团的育人功能,促进学生社团健康发展。中共中央、国务院在《关于进一步加强和改进大学生思想政治教育的意见》中明确提出:"要加强对大学生社团的领导和管理,帮助大学生社团选聘指导教师,支持和引导大学生社团自主开展活动。"《关于加强和改进大学生社团工作的意见》指出："要加强工作指导,把握正确方向,大力扶持理论学习型社团,热情鼓励学术科技型社团,正确引导兴趣爱好型社团,积极倡导社会公益型社团。要充分调动专业教师的积极性,选派有专长和责任心强的教师指导学生社团建设,并创造条件,提高社团指导教师的主动性、积极性、创造性和工作水平。"在实际工作中,大学共青团组织应该依据这些原则来指导和管理大学生社团,在思想上加强领导,在组织上加强指导。共青团组织的指导直接关系到大学生社团的发展方向和自身建设等问题。

其次,共青团组织要帮助大学生社团进行规范化建设。共青团组织对大学生社团的规范化建设主要包括帮助大学生社团完善各项规章制度、规范社团活动流程、监督内部制度的执行和保证大学生社团的可持续发展。例如,社团的审批,社团的招新方案,会费的收取、管理与使用,社团活动计划,社团品牌的创建,社团之间的交流与合作,社团与社会服务的关系,都需要大学共青团组织给予具体的指导。当然,在对大学生社团进行规范化建设的同时,也要充分尊重大学生社团的自主性,考虑不同社团的特点。在实际工作中,要把对大学生社团的指导管理和尊重社团的自主性有机结合,通过鼓励、引导、激励方式实现大学生社团的自我管理、自我服务和自我发展。与此同时,共青团组织可建立大学生社团联合会来行使管理职能,如监督管理大学生社团的日常工作,对大学生社团进行考核、评价,组织大型的社团间的活动。

再次,共青团组织要深入研究大学生社团健康发展的新机制。大学生社团的健康发展,离不开共青团组织的指导,有效的管理与指导是提高大学生社团工作实效的重要保证。但要使大学生社团活动与第一课堂教育密切结合,成为大学生素质教育重要有效的载体,大学共青团组织必须不断进行探索。这种探索可以从促进大学生社团良性发展的机制入手,也可以从大学生社团的内部结构入手,或者从大学生社团的价值目标等方面入手,形成一套合适的机制,营造科学、健康、积极向上的校园文化氛围,引领大学生社团健康发展。

(三)大学相关部门要主动对大学生社团进行引导

除了大学党委的领导和共青团组织的指导,大学管理部门、教学科研单位及广大教师应共同支持大学生社团的建设和发展,主动提供指导帮助,齐抓共管。

相关部门要将大学生社团纳入学校人才培养方案统一管理。大学生社团以大学生自愿加入为前提,但在完全自愿的情况下,有些大学生可能根本没有了解社团的机会,更谈不上加入社团。因此,在尊重学生自主性的前提下,有目的、有计划地将大学生社团纳入人才培养计划,可使课内、课外培养有机融合,以促进学生知识增长、能力提高、素质养成。相关部门要制定政策鼓励更多的教师担任大学生社团的指导教师,让指导教师的工作量得到认定,对考核优秀的指导教师在职称评聘和评奖评优中给予政策支持,将更多优质的指导教师吸引到大学生社团中。大学生社团活动经费不足、活动场地受限是制约社团健康快速发展的主要障碍,大学相关部门应该积极为大学生社团提供经费,主动为社团活动提供场地,为大学生社团的发展提供可靠的保障。

大学的全方位支持是大学生社团发展的坚实基础,如果离开了大学的支持,大学生社团的发展将失去依靠和保障。因此,大学要从政策制度及人力、物力、财力方面给予大学生社团支持,重视大学生社团的外部环境与内部制度建设,通过环境影响与内涵提升,引导大学生社团健康发展。

四、大学生社团的治理

治理,原意是控制、引导和操纵,其目的是在各种不同的制度关系中,运用一定的权力去引导、控制和规范受众群体的各种活动,以最大限度地增加公共利益。因此,过程、协调、互惠、持续互动是治理活动所遵循和追求的价值目标。大学生社团价值矛盾的化解,实际上也是一个长期持续的过程,需要各方面的协调,以使多元价值主体都能实现自己的价值目标。比起单纯的管理,大学生社团、大学和社会等方共同治理,更有利于化解大学生社团的价值矛盾。

从本质上说,大学生社团的价值矛盾源于大学生社团主、客体本身,因此,从大学生社团自身的治理入手,是化解大学生社团价值矛盾的重要途径。同时,自发性和自主性是大学生社团最明显的特点,这使大学生社团的自治成为可能。然而在实际中,由于对自身的认识模糊和结构松散,许多大学生社团小心谨慎地进行着自治,或是按社团管理者的意图,或是延续原有的模式,这不仅制约了大学生社团自身的发展,还产生了一些新的问题和矛盾。在大学提供良好外部环境的前提下,要通过大学生的自治,使大学生社团有序发展、良性发展。

(一)建立完善的社团制度

虽然目前共青团中央、教育部、全国学联出台了《高校学生社团管理暂行办法》,各高校也基本上建立了比较完善的社团管理体系,但并不是每个大学生社团都具备完善的社团管理制度。规范化、制度化的大学生社团管理体系是大学生社团治理的前提。

首先,大学生社团内部要建立最高决策机构。一般是由大学生社团负责团队充当这一机构。社团负责团队要求具有民主化、规范化、效率化的特点,组成大学生社团最高权力执行机构。在此基础上,再根据大学生社团的实际情况,制定内部管理条例,并要求全体社团成员自觉遵守、主动维护。其次,要有一套完整的财务制度,配备专门的成员负责,并定期向全体成员公布财务情况。大学生社团的经费,一来总是匮乏,二来易出问题,完善的制度和专门人员负责,有利于将资金利用最大化,避免出现一些不必要的问题。再次,重视大学生社团干部的培训培养工作。建立骨干培训制度,从社团干部队伍建设入手,提高大学生社团成员的思想素质和理论水平。

(二)倡导健康的社团文化

大学生社团文化作为校园文化的重要组成部分和重要载体,具有独特的文化特色和运行方式。参与大学生社团活动可以使大学生拥有更丰富的课余生活,能更好地开阔眼界,使综合能力得到更好的锻炼。因此,大学生社团要根据时代发展和社会需要,坚持正确的价值方向,形成向上、向善的文化精神,这不仅是时代发展对大学生社团提出的客观要求,也是大学生社团治理的关键所在。

首先,要建立导向正确的大学生社团文化价值系统。在当今信息社会,由于信息传播的速度之快和范围之广,社会文化对校园文化的影响巨大。但社会文化良莠不齐,如果听之任之,可能造成社团活动缺乏主流文化引导,社团文化参差不齐,影响大学生的价值选择与判断能力。因此要规范社团文化并纳入统一宣传范畴,提高学生对社团文化的辨别能力。其次,要因势利导,引导学生正确地看待时尚,理性地选择潮流,建立健康的学校社团文化。随着时尚文化的日趋盛行,时尚型社团在大学生社团有了一席之地,时尚文化对校园文化产生了一定影响。健康的时尚文化可以加快大学生的社会化进程,但也要注意防止部分大学生因追求时尚而发生道德、心理以及个性的偏差。再次,大学生社团要多开展高品位、高质量、有益学生身心健康发展的活动,积极营造高雅校园文化,既要培养大学生的社会责任感及良好道德修养,又要提升学校文化活动的品位,丰富校园文化生活。

(三)建设可持续发展的社团队伍

要保证大学生社团健康、有序、可持续发展,除了需要完善的社团制度和健康的社团文化以外,还需要充分发挥大学生社团骨干成员的主动性与积极性,即加强大学生社团内部的队伍建设。大学生社团的骨干成员是大学生社团建设和发展的中流砥柱,是社团活动主要的策划者、组织者和执行者,加强对他们的培养和引导,是大学生社团治理的重要保障。

首先,要做好"新老传承"工作。大学生社团成员流动性大,对社团的核心理念、社团文化的传承与发扬就主要靠社团的骨干成员了。上一届的大学生社团骨干,要将过去社团管理工作中所积累的工作经验当作宝贵的财富,主动传承给新的社团成员,做好"传、帮、带",使新的社团干部的管理能力迅速提高,以更好、更快地投身社团工作。其次,要定期组织培训。不论是对社团骨干成员还是对普通社团成员来说,大学生社团内部的培训是必需的也是重要的。培训前应深入地了解和宣传,既能增加培训的针对性,也能达到宣传培训的目的。再次,要建设社团干部的选拔和考核制度。对社团干部公开选拔、适度考核和必要的激励,有利于大学生社团的健康发展。选拔要采取民主集中制的原则,民主选举结果与指导教师、管理部门及上任社团负责人的意见同样重要,要将其有机结合,尽量选出能力突出、素质优秀的社团干部,为社团的可持续发展提供保障。考核要综合考虑个人表现与社团整体发展情况,也可以将大学生社团的主要干部管理纳入学校对团学干部的培养管理工作中。

五、社会的适时引导

在这个不断进步和发展的社会中,大学和大学生社团都处于日新月异的环境之中,时代的变化使得大学生社团不再局限为大学中的一个学生组织,着眼未来、放眼世界、积极争取外部力量的支持是大学生社团发展的必然趋势。无数大学生社团的实例证明,随着大学与外界环境的互相渗透、互相影响,社会已逐渐成为影响大学生社团发展的因素之一。社会对大学生社团的影响主要表现为时尚、娱乐文化的影响和外来"新潮文化"的影响。

受时尚、娱乐文化的影响,大学生社团的主流类型由理论学习型转向娱乐休闲型。娱乐休闲型社团以缤纷多彩的娱乐文化吸引着当代大学生,受到广大学生的追捧,而一些理论学习型的社团遭遇了无人问津的尴尬。如果放任不管,大学生社团将呈现出品位偏低,缺乏科学性、艺术性和文化性等特点。与此同时,社会媒体、舆论等应该对时尚、娱乐文化进行合适的宣传与评论,引导大众尤其是青年大学生正确认识和对待,

随着国外"新潮文化"的渗入,各种文化的交流日益加强,文化多元冲突现象

越发常见,部分大学生甚至认为外国文化就是"新潮文化"。由于对外来文化的好奇心得不到满足,于是在学术氛围自由的大学里,大学生有了追求"新潮"的便利,传统社团遇冷、新型社团遇捧现象油然而生。社会各部门应通过多种方式增加大学生对多元文化的了解,让大学生对外来文化的好奇心得到满足,提高大学生的辨别能力。

第七章

结　论

高等教育,育人为本。随着高等教育的深入发展,专业教育和素质教育之外的文化育人、环境育人等都引起高校师生、教育研究者、政府及社会的广泛关注,而大学生社团作为高校育人体系的重要组成部分,也得到了越来越多的重视与研究。笔者选择大学生社团作为研究对象,是对工作的现实思考,也是对这一领域研究的兴趣所致。当然,这一领域的研究终还是从"大学生社团的价值何为"谈起。为此,本书基于高等教育大众化背景下的高校育人体系,以大学生社团及其价值范畴为研究起点,重点论述了大学生社团的价值目标、价值矛盾及化解价值矛盾的策略,以期更好地实现大学生社团的价值目标。通过研究,主要得出了以下几方面的结论。

第一,大学生社团伴随着大学产生而产生,大学生学习生活的需求、高等教育的整体发展以及社会对大学和大学生的影响是大学生社团发展的主要动因。

大学生社团起源于欧洲中世纪的学生同乡会、行会组织和团体,可以说是现今大学生社团最早的雏形。但是,这些社团雏形并不等同于现代意义上的大学生社团,真正的大学生社团是在大学变成了本科生的生活圈之后,大学受其结构和组织的变革影响生出了一种学生亚文化,所以现代意义的大学生社团才得以产生。大学生社团产生至今,其数量、规模都得到了几何倍数的增长,涵盖范围、组织形式也发生了巨大的变化。大学生社团的这些发展变化与大学生学习生活的需求、高等教育的整体发展以及社会对大学和大学生的影响有着直接的关系,这也是大学生社团发展的主要动因。根据大学生社团的发展历史,从组织理论的角度进行分析可以看出,大学生社团是初级社会群体、非正式组织和公民自治组织,具有普通组织的基本属性,更具有自发性、松散性、多样性、自主性和趋同性等大学生社团特有的属性。

第二,大学生社团的价值是一种精神价值,包括精神享受价值与精神生产价值。

本书从价值关系说的角度,分析了大学生社团的价值主体、价值客体和主客体的关系,并将大学生社团的价值解释为:作为主体的人与作为客体的社团活动及其因活动产生的社团文化和校园文化间的关系以及作为客体的社团活动、文化是否满足主体人的需要。从这种需求来看,大学生社团价值是一种精神价值,大学生社团开展的一些具有娱乐、教育意义的活动,直接满足大学生精神层面的需求。也可以说,大学生社团的价值主体有精神层面的需求,而大学生社团恰好满足了这个需求。一方面,大学生在参与大学生社团活动的时候需要得到一定的满足,这种满足是一种精神上的享用和占有,是满足主体人的精神需求的,也是人在精神上的一种自我实现和确认,因此可以看作大学生社团的精神享受价值。另一方面,大学生社团在一届又一届大学生中延续发展,大学生组织了一次又一次社团活动,社团文化也在这一次次活动中得到发展,大学生通过参加社团活动不仅得到了精神上的满足,还对社团、社团活动及社团文化进行了延伸,带来新的改变。这种社团文化的创造与再创造,就可以看作大学生社团的精神生产价值。

第三,大学生社团价值目标的实现离不开大学生社团活动;大学生社团价值目标的实现,对大学生社团价值主体而言意义重大。

人们总是对大学生社团寄予这样或那样的希望,并由此产生不同的选择或追求,这就是大学生社团的价值目标,也是大学生社团的目的性价值,它是实际存在的,具有实质性。大学生社团主体需求的多样性决定了其价值目标是多元的,具体而言,塑造大学生的健全人格、激发大学生的专业学习兴趣、促进大学生的特长发挥、培养大学生的创新精神与提升大学生的心理健康水平都是大学生社团的价值目标。大学生社团的价值目标是大学生社团价值的起点也是其终点,是大学生社团的价值主体和价值客体需要共同完成的任务,并通过大学生社团活动得以实现。在大学生社团活动中,价值客体实现了对价值主体的某些功能、作用、意义和影响,使大学生社团的价值得以显现。与此同时,大学生社团价值目标的实现又促进了大学生的全面发展,补充了大学育人体系,丰富了大学校园文化。

第四,大学生社团价值矛盾的存在具有必然性,并且影响了大学生社团价值目标的实现。

矛盾存在于自然界的万事万物之中,也存在于价值关系当中。大学生社团不同价值主体之间的需求矛盾、观念冲突甚至利益冲突,都是造成价值矛盾的原因,而大学生社团本就是开放的组织,其价值主体群庞大,不同的价值主体存在不同的价值需求,因而大学生社团的价值矛盾必然存在。大学生社团的价值矛盾主要表现为两个方面:一是大学生社团的价值主体矛盾,二是大学生社团的价值观念冲突。影响大学生社团价值矛盾的主要因素是大学生社团价值主体的需求冲突和价值观念的多元化。大学生社团的价值矛盾对大学生社团的价值实现有较大影响,对个体的影响主要表现在个体在大学生社团中的价值选择和具体行为上,对大学生社团的影响主要表现在对社团的现状和发展影响上,对大学的影响主要表现在多元价值观下的大学生社团文化可能会冲击大学主流文化,进而影响大学文化育人功能的实现。这些都会直接影响大学生社团价值目标的实现。

第五,化解大学生社团的价值矛盾是彰显大学生社团价值的需要,可从大学、社团本身、社会等多方面寻找策略以有效化解大学生社团的价值矛盾。

因价值冲突产生的价值取向相异进而产生的价值矛盾,对大学生社团及其成员造成的影响是显而易见的。具体而言就是,大学生社团成员流动太快影响了大学生社团的稳定发展,大学生社团骨干的缺失影响了大学生社团的可持续发展,大学生主流价值观受到的冲击影响了大学生社团健康发展,等等。因此,化解大学生社团的价值矛盾势在必行。尽管化解矛盾存在主体价值冲突和管理冲突的现实困难,但在遵循人的自由全面发展价值观导向原则、多元文化交融原则、尊重学生主体意识原则、与各项教育相结合原则的基础上,可以通过大学的有效引导和管理、大学生社团的治理及社会适时引导来有效化解大学生社团的价值矛盾。

与其他大学生社团的相关研究相比,本书的特色和创新之处主要有以下几个方面。

一是在理论探讨方面,本书不是对大学生社团表象的研究,而是创新性地从价值的层面对大学生社团的本质进行了分析,为大学生社团的研究提供了一个新视角。

综观现有为数不多的大学生社团专题研究,绝大多数是有关大学生社团的表象功能、外在形式及制度规范的研究,主要关注现有大学生社团活动"有哪些功能、作用""如何更好地发挥这些功能、作用",缺乏对大学生社团本质的追问和对主体需求的探索。外在的表象固然重要,但比表象更为重要的是本质,尤其是价值本质。所以,本书从哲学中的价值概念入手,将大学生社团置于价值关系的视野中观察,立足于阐述大学生社团的价值含义,对大学生社团价值关系的主体与客体进行了深入的理论剖析,逐一探讨价值的主体、客体及二者的需求关系,并以此来分析大学生社团的功能、作用、意义和影响等。这种基于价值关系的分析,从理论上深化了人们对大学生社团本质的认识,因而可更好地创设大学生社团发展的环境。这对大学生社团问题的研究不失为一种创新。

二是在研究方法上,本书摒弃了一般价值研究常用的思辨论证法,而是运用案例分析法从正面论证了大学生社团的价值目标。

从本质上看,大学生社团并不是一个复杂的研究对象,因此,本书在梳理历史资料过程中,从实际案例入手,总结出大学生社团的发展动因与大学生学习生活的需求、高等教育的整体发展以及社会对大学和大学生的影响有着直接的关系。在具体研究中,将大学生社团的价值定位在精神价值层面,并从娱乐价值、教育价值和审美价值入手,从理论上推演出塑造大学生的健全人格、激发大学生的专业学习兴趣、促进大学生的特长发挥、培养大学生的创新精神与提升大学生的心理健康水平等具体价值目标,再通过实际案例证实这些价值目标存在及实现的可能性。这种用具体案例证明假设的研究方式,在研究大学生社团问题或价值问题中并不多见，因此不失为又一特色。

三是在研究结论上，本书透过问题表象揭示了大学生社团的价值矛盾根源，通过寻找化解价值矛盾的策略来解决大学生社团的具体问题。

大多数相关研究在提到大学生社团的问题时，一般是研究"存在哪些问题""如何解决这些问题"，其明显特征是"就事论事"。本书从价值主体的需求和价值观念着手分析，将大学生社团的表象问题转化为更深层次的价值矛盾研究，乃又一创新。本书认为多元主体的价值冲突是大学生社团一切价值矛盾产生的根源，但价值矛盾存在必然性，无法回避，只能寻求方法化解。这种对大学生社团价值矛盾的分析，可以更清楚地挖掘其表象问题后的本源性原因，对真正解决大学生社团存在的问题大有裨益。本书建构了从大学、社团和社会等多层次来化解大学生社团价值矛盾的策略体系，认为通过大学有效引导和管理、大学生社团的自身治理及社会适时引导可以有效化解大学生社团的价值矛盾。

参考文献

[1] 北京师范大学价值与文化研究中心. 价值与文化[M]. 北京:北京师范大学出版社,2009.

[2] 别敦荣. 高等教育管理与评估[M]. 青岛:中国海洋大学出版社,2000.

[3] 别敦荣. 中美大学学术管理[M]. 武汉:华中理工大学出版社,2000.

[4] 〔美〕伯顿·克拉克. 高等教育系统——学术组织的跨国研究[M]. 王承绪,徐辉,殷企平,等,译. 杭州:杭州大学出版社,1994.

[5] 任秋君,骆子石. 高技能教育[M]. 上海:上海交通大学出版社,2010.

[6] 〔美〕德里克·博克,走出象牙塔——现代大学的社会责任[M]. 徐小洲,陈军,译. 杭州:浙江教育出版社,2001.

[7] 贺国庆,王保星,朱文富,等. 外国高等教育史[M]. 北京:人民教育出版社,2006.

[8] 贺国庆. 德国和美国大学发达史[M]. 北京:人民教育出版社,1998.

[9] 黄凯锋. 价值论及其部类研究[M]. 上海:学林出版社,2005.

[10] 〔美〕亨利·罗索夫斯基. 美国校园文化——学生·教授·管理[M]. 谢宗仙,等,译. 济南:山东人民出版社,1996.

[11] 〔英〕阿米·古特曼. 结社理论与实践[M]. 吴玉章,等,译. 北京:生活·读书·新知三联书店,2006.

[12] 李均. 中国高等教育发展史[M]. 上海:学林出版社,2005.

[13] 厉威廉. 美国近年来大学学生课外活动之发展[M]. 台北:幼狮文化事业公司,1983.

[14] 刘献君. 文化素质教育论[M]. 北京:高等教育出版社,2009.

[15] 〔美〕马斯洛. 人性能达的境界[M]. 林方,译. 昆明:云南人民出版社,1987.

［16］〔美〕马斯洛. 马斯洛人本哲学［M］. 成明,编译. 北京:九州出版社,2003.

［17］〔美〕马斯洛. 人类价值新论［M］. 胡万福,等,译. 石家庄:河北人民出版社,1988.

［18］〔美〕马斯洛. 自我实现的人［M］. 许金声,刘锋,等,译. 北京:生活·读书·新知三联书店. 1987.

［19］〔美〕马斯洛,等. 人的潜能和价值［M］. 林方,等,译. 北京:华夏出版社,1987.

［20］〔西〕奥尔特加·加塞特. 大学的使命［M］. 徐小洲,陈军,译. 杭州:浙江教育出版社,1989.

［21］〔美〕欧内斯特·博耶. 美国大学教育:现状、经验、问题及对策［M］. 复旦大学高等教育研究所,译. 上海:复旦大学出版社,1988.

［22］潘懋元,王伟廉. 高等教育学［M］. 福州:福建教育出版社,2007.

［23］孙伟平. 价值哲学方法论［M］. 北京:中国社会科学出版社,2008.

［24］吴忠泽. 社团管理工作［M］. 北京:中国社会出版社. 1996.

［25］项久雨. 思想政治教育价值论［M］. 北京:中国社会科学出版社,2003.

［26］薛天祥. 高等教育学［M］. 桂林:广西师范大学出版社,2001.

［27］〔英〕约翰·亨利·纽曼. 大学的理想:节选本［M］. 徐辉,等,译. 杭州:浙江教育出版社,2001.

［28］〔美〕约翰·S. 布鲁贝克. 高等教育哲学［M］. 王承绪,等,译. 杭州:浙江教育出版社,1987.

［29］〔加〕约翰·范德格拉夫,等. 学术权力——七国高等教育管理体制比较［M］. 王承绪,等,译. 杭州:浙江教育出版社,1989.

［30］〔德〕雅斯贝尔斯. 什么是教育［M］. 邹进,译. 北京:生活·读书·新知三联书店,1991.

［31］张岱年. 文化与价值［M］. 北京:新华出版社,2004.

［32］张德,吴剑平. 校园文化与人才培养［M］. 北京:清华大学出版社,2001.

［33］常青. 高校学生社团问题研究［D］. 长春:东北师范大学,2012.

［34］陈莉. 中国大学生组织发展研究——结构文化主义视角［D］. 武汉:华中科技大学,2007.

［35］房欲飞. 美国高校大学生领导教育研究［D］. 武汉:华东师范大学,2008.

［36］付晓辉. 西方价值观念对中国当代青年价值观的影响［D］. 北京:首都师范大学,2009.

［37］李洁. 大学生思想政治教育价值实现的障碍及其对策研究［D］. 重庆:西南大

学,2014

[38] 李然. 思想政治教育价值实现问题研究[D]. 北京:中国矿业大学,2012.

[39] 李雪梅. 大学生社团建设研究[D]. 成都:电子科技大学,2007.

[40] 林娟. 大学生社团的思想政治教育功能及其实现[D]. 武汉:华中师范大学,2008.

[41] 刘峥. 大学生认同与践行社会主义核心价值观研究[D]. 长沙:中南大学,2012.

[42] 娄雨. 价值秩序与价值教育——基于舍勒价值现象学的教育哲学研究[D]. 北京:北京师范大学,2011.

[43] 罗妍妍. 新时期高校学生社团管理模式创新研究[D]. 成都:西南交通大学,2010.

[44] 米俊魁. 大学章程价值研究[D]. 武汉:华中科技大学,2005.

[45] 孙华程. 城市与教堂——制度视野下欧洲中世纪大学的发生与演进[D]. 重庆:西南大学,2008.

[46] 魏晓文. 中美思想政治教育比较研究[D]. 大连:大连理工大学,2003.

[47] 牙韩高. 高校学生社团管理中领导方式与领导效能研究[D]. 成都:西南交通大学,2008.

[48] 游敏惠. 美国高校学生事务管理研究[D]. 重庆:西南大学,2008.

[49] 袁颜锋. 素质教育视野下高校学生社团建设研究[D]. 长沙:湖南大学,2009.

[50] 张世豪. 中西高校学生社团比较研究[D]. 石家庄:河北经贸大学,2012.

[51] 张兴海. 大学生价值观教育研究[D]. 长春:东北师范大学,2010.

[52] 柏贞尧,王培. 从"因材施教"到"教学相长"[J]. 国家教育行政学院学报,2010(1):73-75.

[53] 陈丹雄,李小鲁,黄建榕. 关于马克思劳动和价值内涵的再解读[J]. 广西社会科学,2006(8):49-53.

[54] 费坚,俞锋. 高校学生社团的现实困境及整合发展路径[J]. 黑龙江高教研究,2009(2):21-23.

[55] 冯国森. 幸福感与大学生社团研究[J]. 教育与职业,2006(21):38-39.

[56] 葛振国,邢云文. "五四"前后学生社团传播马克思主义的经验与启示[J]. 理论探索,2011(3):30-32.

[57] 宫兴林. 浅析中国学生社团组织对营造大学国际化氛围的积极作用[J]. 清华大学教育研究,2006,27(1):209-211.

［58］管建平. 学生社团与学校文化建设［J］. 教育发展研究,2004(6):72-73.

［59］贺长元. 价值内涵的演变回归［J］. 学术界,2004(5):215-223.

［60］花瑞锋. 大学法治与学生社团的法律治理［J］. 人民论坛,2011(8):108-109.

［61］孔易人. 价值:合目的性［J］. 浙江学刊,1997(3):62-65.

［62］匡艳丽. 高校学生社团的规范管理与科学引导［J］. 江苏高教,2002(5):87-89.

［63］李力. 学术研究·社会服务·文艺娱乐——抗战前民国大学生社团之形态与功能研究［J］. 现代大学教育,2014(4):54-59.

［64］李连科. 论精神价值的生产［J］. 人文杂志,1986(3):23-28.

［65］李喜所,薛长刚. 展示自我:民国时期北洋大学的学生社团［J］. 历史教学,2010(8):9-14.

［66］李毅昂. 试论公民社会视野下高校学生社团的潜在功能［J］. 理论月刊,2004(12).

［67］李卓慧,郑澎. 学生社团建设管理模式新探索［J］. 人民论坛,2010(4):202-203.

［68］廉永杰,陈怀平,张华伟. 建国以来大学生价值观念变化之研究［J］. 中国高教研究,2009(11):21-24.

［69］刘金新,薛伟芳. 大学生社团建设现状及对策思考［J］. 吉林省教育学院学报旬刊,2013(1):69-70.

［70］吕迎春. 贫困大学生社团参与现状调查［J］. 教育科学,2009,25(2):54-59.

［71］谭翀,张亦慧. 国内"高校学生组织"研究的文献计量分析［J］. 中国青年研究,2010(6):90-95,98.

［72］汤正华. 非智力素质培养与学生社团建设的契合［J］. 中国高教研究,2007(8):65-68.

［73］王宏维. 论大学生社团文化培育的三个基本向度［J］. 思想教育研究,2013(1):80-83.

［74］王林. 论高校学生社团的创新性发展［J］. 江苏高教,2010(2):118-119.

［75］王占军. 高校学生社团运作及功能研究述评［J］. 江苏高教,2006(5):112-115.

［76］魏素琳. 中西传统价值观念比较［J］. 理论参考,2001,28(3):36-42.

［77］夏立治. 大学生社团文化建设现状及其价值取向研究［J］. 法制与社会,2009(4):203-204.

[78] 宣勇. 挑战与回应:大学学生组织的重构[J]. 教育研究,2006(4):33-37.

[79] 牙韩高. 领导生命周期理论在高校学生社团管理中的应用[J]. 学术论坛, 2008(2):181-184.

[80] 杨飞龙. 高校学生社团隐性育人功能刍议[J]. 东北师大学报(哲学社会科学版),2011(5):181-184.

[81] 杨凯,施险峰. 高校大学生社团建设的策略分析——基于文化大发展大繁荣的背景[J]. 黑龙江高教研究,2013,31(7):32-34.

[82] 杨鑫,姜浩,徐雁红. 大学生社会角色扮演与人生价值实现[J]. 前沿,2009(9):175-177.

[83] 姚剑英. 基于创新素质培养的高校学生社团建设研究[J]. 江苏高教,2010(2):120-121.

[84] 应飚,吕春凤. 扶持·引导·管理[J]. 中国高教研究,2004(12):67-68.

[85] 张存库. 浅析当代大学生价值观念的变化[J]. 青年探索,2000(6):37-41.

[86] 张剑. 清末民初留美学生社团组织分析[J]. 学术月刊,2003(5):58-65.

[87] 张新,邱仁富,李梁. 冲突与引领:大学生多元价值观念与社会主义核心价值体系[J]. 重庆大学学报(社会科学版),2014,20(1):181-184.

[88] 朱白薇. 精神价值追求的层次性探析[J]. 理论月刊,2013(1):159-162.

[89] 朱怡. 试论思想道德教育的价值内涵与特性[J]. 理论与改革,2004(4):154-156.

附 录

附录 1 大学生社团调查问卷

亲爱的同学,你好!

首先感谢你填写这份问卷。本调查的目的在于了解贵校学生社团的相关情况。答案并无对错之分,你只需要依照自己的真实情况和想法填写即可。问卷内容仅用来进行整体统计分析,以供研究之用,请放心填答。再次感谢你的合作与支持!

大学生社团价值研究课题组

1. 你的性别:

    A. 男   B. 女

2. 你的年级:

    A. 大一   B. 大二   C. 大三   D. 大四   E. 大五   F. 研究生

3. 你所学的专业门类是:

    A. 哲学   B. 经济学   C. 法学   D. 教育学 E. 文学   F. 历史学

    G. 理学   H. 工学   I. 农学   J. 医学   K. 管理学 L. 艺术学

4. 你参加的社团属于哪一类?(如果同时参加两个以上,一份问卷请选择一个社团填写)

    A. 政治理论类   B. 学术科创类   C. 文化艺术类   D. 体育健身类

    E. 公益志愿类   F. 实践促进类   G. 合作交流类   H. 地域文化类

5. 你所在社团的稳定规模是：

    A. 30 人以下   B. 30～49 人   C. 50～99 人   D. 100 人以上

6. 你加入社团的最初目的是什么？（多选）

    A. 丰富课余生活   B. 增长知识,锻炼能力

    C. 发展爱好特长   D. 获得荣誉,丰富简历

    E. 认识朋友,扩大人际交往圈   F. 想加入一个组织,给自己找个归属

    G. 打发时间   H. 没有目的,随大流

7. 加入前你了解你的社团吗？

    A. 非常了解   B. 比较了解   C. 不太了解   D. 完全不了解

8. 你在社团中的角色是：

    A. 领导者   B. 干事   C. 积极参加者   D. 凑数的

9. 你参加社团活动的频率是：

    A. 每次都参加   B. 经常参加   C. 偶尔参加   D. 基本不参加

10. 你所在社团开展活动的质量如何？

    A. 质量很高   B. 质量不稳定,时高时低

    C. 质量不高   D. 质量差

11. 你参加社团活动的原因是：

    A. 参加社团活动是社团成员的义务,必须参加

    B. 社团活动很有趣,我喜欢参加

    C. 参加社团活动能认识很多朋友,只要有时间我都参加

    D. 打发无聊

12. 每次参加完社团活动你的感觉如何？（多选）

    A. 发挥了特长,发展了才华   B. 身心愉悦并期待着下次活动

    C. 学到了新东西   D. 交到了新朋友

    E. 一般般,没感觉   F. 很无趣,下次不想再参加了

13. 参加社团活动让你学到了或发展了某项特(专)长吗？

    A. 学到了很多   B. 学到了一些   C. 感觉不明显   D. 没学到,没发展

14. 社团活动对你的专业学习是否有帮助？

    A. 有明显帮助   B. 有一些帮助   C. 没帮助   D. 影响了正常学习

15. 你觉得参加社团活动提高了你的哪些能力？（多选）

    A. 团队合作能力   B. 人际交往能力   C. 语言表达能力

    D. 创新创造能力   E. 组织管理能力   F. 社会了解能力

G. 没提高任何能力

16. 以下对参加社团的说法,你同意哪项?(多选)

A. 加入社团组织后,我做人做事的责任心有提高

B. 加入社团组织后,我对集体的关心关注度有增强

C. 参加社团活动使我变得史有爱心

D. 参加社团活动使我更加懂得了尊重和理解他人

E. 参加社团活动使我的心态更加积极

F. 以上说法均不同意

17. 参加社团后,你了解你的社团吗?

A. 非常了解　　　　B. 比较了解　　　　C. 不太了解　　　　D. 完全不了解

18. 你所在的社团章程制度执行情况如何?

A. 有社团章程并严格执行　　　　B. 有社团章程但执行情况一般

C. 有社团章程但完全没有执行　　　　D. 根本没有社团章程

19. 你所在的社团指导教师情况如何?

A. 有指导教师,经常对社团进行有用的指导

B. 有指导教师,偶尔对社团进行指导

C. 有指导教师,基本没有对社团进行指导

D. 没有指导教师

20. 如果考虑要退出或是已经退出社团,你觉得最主要的原因是什么?

A. 社团活动与期望相差太远　　　　B. 个人价值得不到体现

C. 兴趣目标有所转移　　　　D. 学习时间紧张安排不过来

E. 新老交替,自然退出　　　　F. 其他_____

21. 你认为社团在大学里的作用有哪些?(多选)

A. 促进大学生全面发展　　　　B. 塑造大学生的健全人格

C. 培养大学生的创新精神　　　　D. 培养大学生的个性特长

E. 促进大学生的社会化　　　　F. 提高大学生的心理素质

G. 丰富校园文化,构建和谐校园　　　　H. 促进专业学习

I. 服务社会　　　　J. 其他_____

22. 你认为贵校社团普遍存在的问题是什么?(多选)

A. 学校对社团活动重视不够　　　　B. 社团开展活动太少

C. 社团活动影响力太小　　　　D. 社团活动形式陈旧

E. 社团内部凝聚力不强　　　　F. 社员流动性太大

G. 社团管理水平不高

H. 学校对社团的限制太多,社团发展不自由

I. 社团财务管理不透明   J. 没有指导教师或指导力度不够

K. 其他_____

23. 请用一句话描述你加入社团的理由:

_____

_____

附录 2　大学生社团访谈提纲

1. 请介绍一下你所在的学生社团,并谈一谈其发展历程。

2. 请谈一谈你在社团的工作情况和你个人在社团中的发展情况。

3. 你认为大学生选择加入你所在社团的原因有哪些?

4. 你认为你所在社团的成员对目前社团的活动是否满意? 他们是否在个性、特长方面得到有效的发展? 请举例说明。

5. 除了个性特长的发展,你认为社团成员在哪些方面得到了较大的提高? 请举例说明。

6. 你所在的社团在发展中遇到的困难有哪些?

7. 你认为社团活动对大学生的成长有哪些作用?

8. 你认为社团活动对校园文化有哪些影响?